Nino

Paola

Papa

Mama

Jonas

Opa

Polli

W0057075

Kinderbuchseiten
zur Einführung ins Kapitel

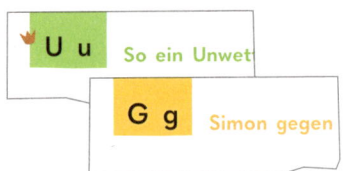

Buchstabenseiten
zur Buchstabeneinführung

Texte Niveau 1
linke Seite (größere Schrift)

Texte Niveau 2
rechte Seite (kleinere Schrift)

Texte Niveau 3
alle Texte auf blauem Grund
(mit noch nicht eingeführten Buchstaben)

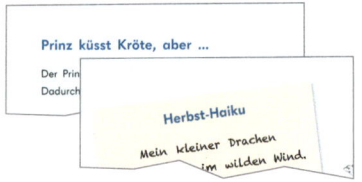

Lesefutterseiten
auch zum Vorlesen
Texte Niveau 3
(mit noch nicht eingeführten Buchstaben)

 mit Verweis auf vertiefende Aufgaben
in der Textwerkstatt (Seiten 146–149)

Jojo-Seiten
zum Mitmachen
Texte Niveau 2

mit Lesestrategie-Aufgaben

 Silbenkrone
Hinweis auf Silbenkönige
(Vokal, Umlaut, Zwielaut)

Jo-Jo 1

Fibel

von
Nicole Namour

mit Zusatztexten
von
Frauke Nahrgang

Cornelsen

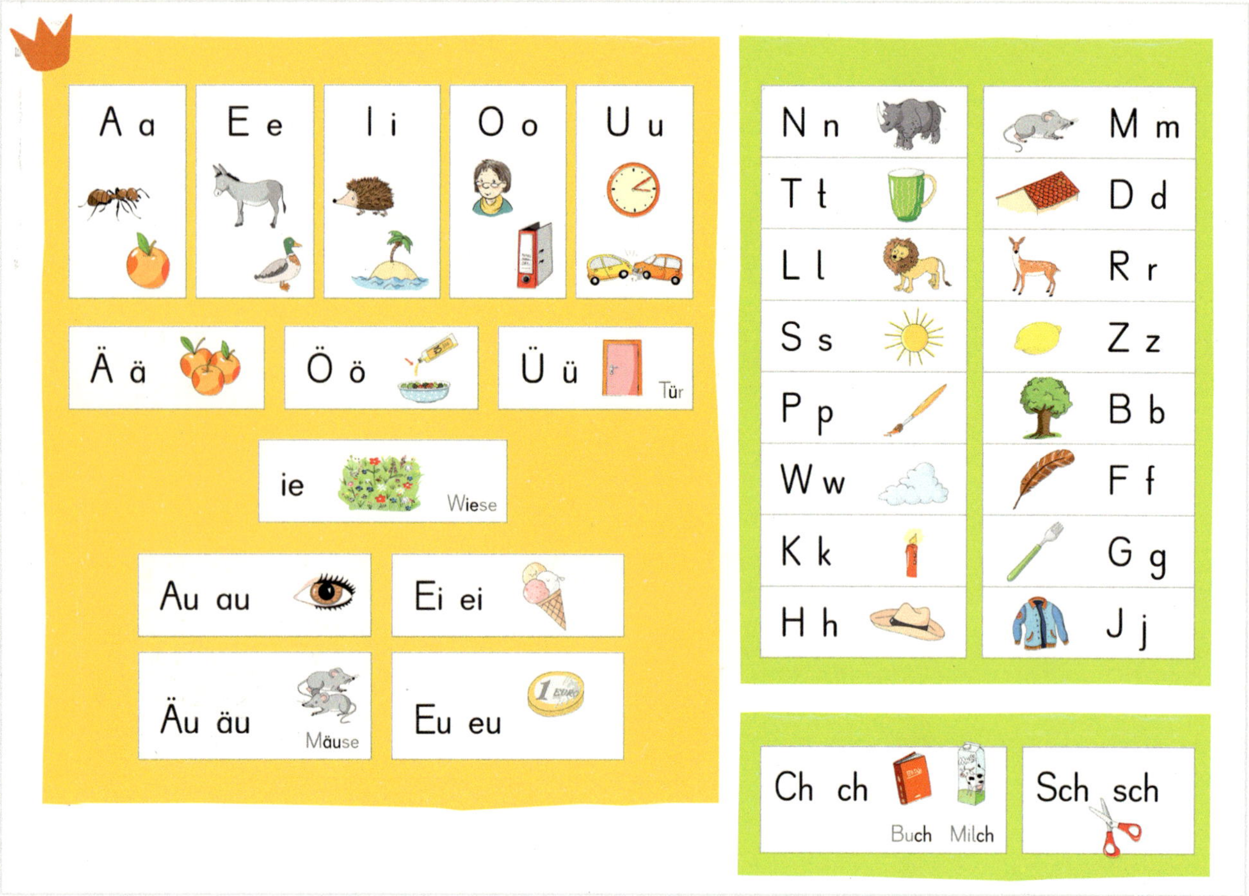

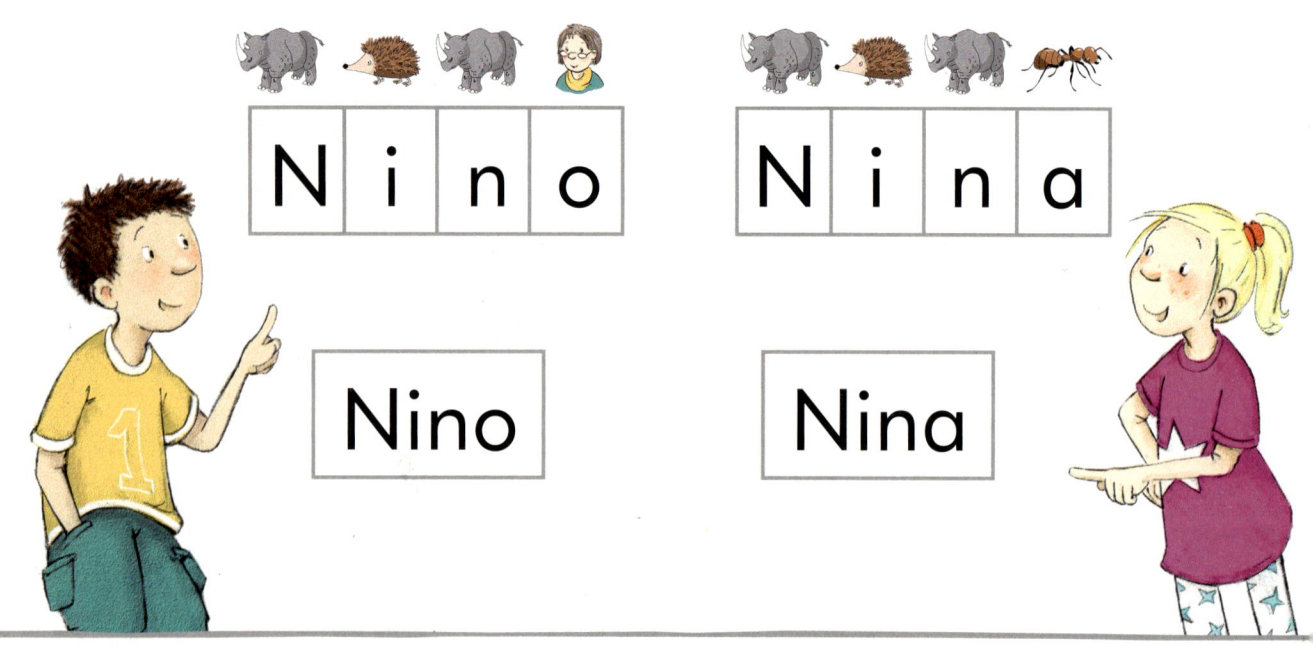

A a	E e	I i	O o	U u

Ä ä	Ö ö	Ü ü Tür

ie Wiese

Au au	Ei ei
Äu äu Mäuse	Eu eu

N n			M m
T t			D d
L l			R r
S s			Z z
P p			B b
W w			F f
K k			G g
H h			J j

Ch ch Buch Milch	Sch sch

Nino

Nina

Nino

Nina

Einführung Lautabelle: Anlaute *ausgewählter* Begriffe ermitteln (ohne Inlaute -ie-, ü, Äu/äu und Ch/ch) –
Laut-Buchstaben-Beziehung herstellen – mithilfe der Anlautbilder die Einzellaute der Namen *Nina* und *Nino* ermitteln –
Namen wiederholend erlesen – Unterschied am Wortende herausarbeiten – Groß- und Kleinbuchstaben thematisieren
Vorkurs → AH: 3, 4 – AH-Fördern: 3, 4 – SLG: 2, 3 – HRU: 21, 22 – KV: 1, 2, 177 – Diff.-Block: 1

Nino

Nina

Ni no   Nino
Ni na   Nina

Ni-na – Ni-no: Lautbilder benennen – Einzellaute der Namen *Nina* und *Nino* anhand der Lautbilder wiederholen –
Namen in Silben schwingen – Einzellaute der Silben ermitteln – Einzelsilben erlesen – Namen wiederholend erlesen
Vorkurs → AH: 5 – AH-Fördern: 5 – SLG: 2, 3 – HRU: 21, 22 – KV: 1, 2, 12, 177 – Diff.-Block: 2

3

Miteinander

Bonjour !

???

Merhaba !

Buongiorno !

Guten Tag !

Good morning !

Dzień dobry !

Kapiteleinstieg „Miteinander": Abbildungen betrachten, Kinder beschreiben, *Nina und Nino* wiedererkennen – Hund *Jojo* vorstellen und mit dem Coverbild vergleichen – Begrüßungsformeln vorlesen, jeweilige Sprache ggf. von den Kindern benennen lassen – Begrüßungsformeln in allen Herkunftssprachen der Kinder der Klasse vortragen lassen (freiwillig!)

OB TRAURIG ODER FROH –

JEDER MUSS AUFS KLO.

OB DÜNN ODER DICK –

AUF JEDEN FALL SCHICK.

OB SAUBER ODER SCHMUTZIG –

AUF JEDEN FALL PUTZIG.

Was haben wir noch alle gemeinsam?

DANIELA KULOT
ZUSAMMEN!
GERSTENBERG

Buchvorstellung „Zusammen": Abbildungen betrachten und darüber spekulieren, was sie aussagen – Texte auf den Bildern vorlesen – sich über Unterschiede und Gemeinsamkeiten der Kinder auf den Bildern und in der Klasse austauschen Unterschiede und Vielfältigkeit von Menschen als Bereicherung herausarbeiten – Jojos Frage beantworten – Buch besorgen Kinderbuchseite „Miteinander" → HRU: 19

5

N n

Wo ist das rote Jo-Jo?

Nino

Nina

Niv. 1: Ninos Zimmer/Aktivitäten/Gegenstände beschreiben – N/n und Lautbild *Nashorn* auf der Lauttabelle suchen – Begriffe mit einem /n/-Laut und Buchstaben N/n innerhalb der Abbildung finden – Kindernamen *Nino* und *Nina* erlesen

Ni no   Nino
Ni na   Nina

Niv. 2: Erlesen der Silben/Namen – Silbenschwingen – Sätze formulieren (z. B.: Nino malt Nüsse. Nina malt eine Nase.) –
rotes Jo-Jo (in Ninos Bett) finden: s. Hinweis auf Bildschirm → auf jeder Buchstabeneinführungsseite der Fibel ist ein rotes
Jo-Jo versteckt
N/n → AH: 6, 7 – AH-Fördern: 6, 7 – SLG: 4 – HRU: 23, 24 – KV: 13, 22, 23, 176 – Diff.-Block: 3, 4

7

I i

Nina

Iiiii

Ina

Ina

Zirkus
in
Irnsdorf

Niv. 1: Schulhof / Aktivitäten der Kinder / Gegenstände beschreiben – I/i und Lautbilder *Igel* und *Insel* auf der Lauttabelle suchen und als Silbenkönig erkennen – ggf. lang und kurz gesprochenes I/i thematisieren – Begriffe mit einem /i/-Laut oder Buchstaben I/i finden – rotes Jo-Jo finden – Sprechblasen erlesen – Empfindungslaut „Iiiii" zuordnen (Apfelrest, Spinne)

Imsdorf-Schule

I na   Ina
Ni na   Nina

Niv. 2: Namen *Ina* und *Nina* schwingen – Gemeinsamkeiten/Unterschiede: *Ina – Nina* entdecken – Großschreibung
des I in *Ina* thematisieren – ggf. herausarbeiten, dass auch ein einzelner Silbenkönig eine Sprechsilbe bilden kann: I-na
I/i → AH: 8, 9 – AH-Fördern: 8, 9 – SLG: 5 – HRU: 25, 26 – KV: 24, 25, 176 – Diff.-Block: 5, 6, 7, 8

9

A a

An ⭐
Ina

An ❤️
Nina

Nina

An
Nino

Nino

Niv. 1: Klassenbild, einzelne Szenen beschreiben – Alltagsgegenstände im Klassenraum und *Briefkasten* benennen –
A/a und Lautbilder *Ameise* und *Apfel* auf der Lauttabelle suchen und als *Silbenkönig* erkennen – lang und kurz klingendes A/a
thematisieren – Begriffe mit einem /a/-Laut finden – Silbenschwingen der Begriffe an der Tafel – rotes Jo-Jo finden – weitere
Begriffe mit einem /a/-Laut finden und malen

Niv. 2: Namen (aus der Klasse) schwingen, die einen /a/-Laut enthalten –
Sätze mit *in* und *an* formulieren (z. B.: Nina schreibt an Nino. – Ein Pinsel ist in Ninos Glas.)
A/a → AH: 10, 11 – AH-Fördern: 10, 11 – SLG: 6 – HRU: 27, 28 – KV: 14, 26, 27, 176 – Diff.-Block: 9, 10, 11, 12

11

Niv. 1: Klasse/Aktivitäten beschreiben – O/o und Lautbilder *Oma* und *Ordner* auf der Lauttabelle suchen, als Silbenkönig erkennen – lang/kurz gesprochenes O/o thematisieren – Namen erlesen – Begriffe mit einem /o/-Laut und Buchstaben O/o finden

No a   No͜a
Ni no   Ni͜no

Niv. 2: Silbenschwingen der Namen – feststellen, dass im Namen *Noa* der Silbenkönig o am Wortende als Zweitsilbe
allein klingt – Namen *Jojo* mithilfe des Lautposters an der Wand erlesen (Zusammenhang zu Nino mit Handpuppe l. u. herstellen) –
falls vorhanden: Handpuppe *Jojo* in der Klasse einführen/vorstellen
O/o → AH: 12, 13 *plus* 14, 15 – AH-Fördern: 12, 13 *plus* 14, 15 – SLG: 7 – HRU: 29, 30 – KV: 3, 15, 28, 29, 176 – Diff.-Block: 13, 14

T t

Toni in Not

Toni

Niv. 1: Wiese/Gegenstände/Aktivitäten der Kinder beim Picknick benennen und beschreiben – T/t und Lautbild *Tasse* auf der Lauttabelle suchen – Begriffe mit einem /t/-Laut finden (innerhalb der Abbildung und unabhängig davon) – neue Namen und Wortgruppen erlesen – über Tonis/Anitas Notsituationen und mögliche Hilfe austauschen (Toni hängt hilflos am Baum. Anita muss zwei Bälle gleichzeitig abwehren) – rotes Jojo finden

Niv. 2: Bedeutung und Darstellung der Strichliste besprechen – Namen schwingen –
Unterschiede/Gemeinsamkeiten erarbeiten: *Toni – Anita* (nur Zweitsilbe identisch, Anlaut-A bei *Anita* eigenständige *Sprech*silbe)
T/t → AH: 16, 17 – AH-Fördern: 16, 17 – SLG: 8 – HRU: 31, 32 – KV: 30, 31, 35, 176 – Diff.-Block: 15, 16

15

M m

Oma mit Mama

Oma am

Mama im

Niv. 1: Figuren/Aktivitäten/Gegenstände im Zimmer *(links)* beschreiben – Vermutungen anstellen, wer diese Figuren sind (Ninas Mama und Oma, Zuordnung ggf. anhand der Abbildung der Umschlaginnenseite begründen) – M/m und Lautbild *Maus* auf der Lauttabelle suchen – Begriffe mit einem /m/-Laut finden (innerhalb der Abbildung und unabhängig davon) – neue Namen und Wortgruppen mit Wortbildern erlesen – rotes Jojo finden

Nina mit Nino

Nino mit Mama

Nina mit Oma

Niv. 2: Aktivitäten auf den Abbildungen beschreiben – Text erlesen, Aussagen jeweils passendem Bild zuordnen –
Namen lesen, schwingen – Unterschiede/Gemeinsamkeiten: *Oma – Mama* herausarbeiten (Anlaut-O bei *Oma* eigenständige
*Sprech*silbe) – freies Schreiben oder Malen eines kleinen Grußes an ein Familienmitglied
M/m → AH: 18, 19 – AH-Fördern: 18, 19 – SLG: 9 – HRU: 33, 34 – KV: 32, 33, 34, 176 – Diff.-Block: 17, 18

17

Aus Italien und Deutschland

Il Papa pesa il pepe a Pisa,
Pisa pesa il pepe al Papa.

Eins, zwei, drei, vier, fünf.
Der Storch hat keine Strümpf.
Der Frosch, der hat kein Haus,
und du – du bist jetzt raus.

Grüße an Jojo von überall in Deutschland

Ik heev de liif!

Isch hann disch lieb!

Isch hab disch lieb!

I hon di lieb!

Isch han disch lev!

Ich hoab düsch lüb!

Aus Italien und Deutschland: italienischen Zungenbrecher und Abzählreim wiederholt lesen und immer schneller werden – andere Zungenbrecher/Abzählreime austauschen – **Grüße an Jojo:** verschiedene Dialekte kennenlernen – Kinder (freiwillig!) in ihrem Dialekt etwas vorsprechen lassen – einen Satz oder eine Redewendung in verschiedene Dialekte (oder Sprachen) der Kinder übersetzen

S. 146

Planet Willi – Willi lernt

Willi lernt viele Dinge, aber langsamer
als die normalen Erdenkinder.
Das kommt daher, dass es auf Willis Planeten
nicht so schnell und hektisch zugeht wie bei uns.

SÜSS

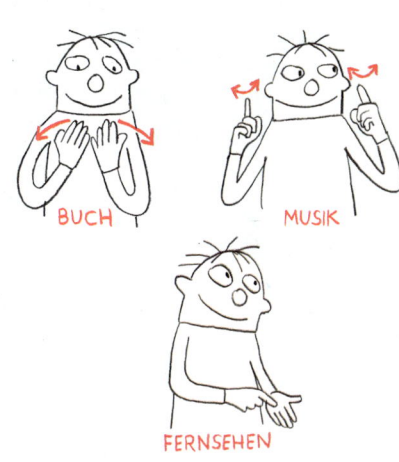

BUCH

MUSIK

FERNSEHEN

5 Am schnellsten lernt Willi Dinge, die ihn interessieren.
Die Gebärde für Fernsehen hat er sofort gelernt.
Aber das Zeichen für Anziehen oder Ausziehen
scheint er seit Jahren nicht zu kennen.

Eigentlich ist es blöd, Willi beizubringen,
10 alles so schnell zu machen wie in unserer Welt.
Wir könnten ja auch mal versuchen,
alles ganz in Ruhe und langsam zu tun –
wie auf seinem Planeten. ◇

Birte Müller

ANZIEHEN

HELFEN

SCHLAFEN

S. 146

Planet Willi (Buchauszug): über Willis Beeinträchtigung und seine Stärke austauschen – Gebärden nachmachen –
neue Gebärden recherchieren und/oder selbst ausdenken (und deren Bedeutung raten lassen) – über Möglichkeiten
zur Unterstützung von Kindern mit unterschiedlichen Beeinträchtigungen austauschen
Lesefutterseiten „Miteinander" → HRU: 109

A ni ta

na

I

o Ni ma

To

Ma no

InaMamaNinoToniNoaOmaNina
NoaToniOmaNinoMamaInaAnita

Kapitelabschluss „Miteinander": Silbenspiel mit den bekannten Silben auf Klebezetteln nachspielen: Kinder stellen sich zu beliebigen Silbenkonstellationen zusammen (auch Fantasiewörter) und lassen diese von anderen Kindern erlesen – **Lesestrategiekasten** (unten): Namen aus Wörterschlangen erlesen – *optional:* einige „Lieblingsnamen" ins Heft abschreiben **Jojo-Seite „Miteinander"** → HRU: 113 – KV: 36

Im Herbst

Was kannst du mit Herbstblättern tun?

Kapiteleinstieg „Im Herbst": Buchvorstellung „Es ist Herbst, kleiner Fuchs": Abbildungen beschreiben und darüber spekulieren, was sie aussagen – über eigene Erfahrungen/Erlebnisse im Herbst berichten – Jojos Frage beantworten – Herbstblätter sammeln und trocknen – ein Klassenbuch mit Herbstblättern anlegen oder ein Herbstblatt-Memo basteln – Buch besorgen
Kinderbuchseite „Im Herbst" → HRU: 19

21

L l

Nina malt Lama Lola.

Ali malt mit Lila.

Jojo malt mit.

Niv. 1: Buchstabeneinführung wie zuvor – Szene beschreiben – abgebildete und weitere Begriffe mit einem /l/-Laut finden – Buchstaben L/l im Bild finden – Text erlesen – Namen *Jojo* wiederholen – darüber spekulieren, was Jojo malen wird/würde – selbst Begriffe mit /l/-Laut malen – rotes Jojo finden

Oma malt.

Malt Oma Toni?

Malt Oma Ali?

Malt Oma Lama Lola?

Lama Lola

Toni

Ali

A li   Ali
La ma   Lama

Niv. 2: oberes Bild betrachten und beschreiben – Satz und Fragen sowie die Namen unter den Einzelfiguren (Mitte) erlesen –
Fragen mündlich in vollständigen Sätzen beantworten – Silbenschwingen von *Ali* und *Lama*
L/l → AH: 20, 21 – AH-Fördern: 20, 21 – SLG: 10 – HRU: 35, 36 – KV: 37, 38 – Diff.-Block: 19, 20

23

Lisa ist am Mist.

Simon ist am .

Nils soll mit.

Niv. 1: Buchstabeneinführung wie zuvor – Szene beschreiben – abgebildete und weitere Begriffe mit einem /s/-Laut finden –
unterschiedliche Lautungen des /s/-Lautes thematisieren (gesummt wie in *Simon, Lisa* – gezischt wie in *los, Nils, Mist*) –
Sätze erlesen und den Figuren im Bild zuordnen (ggf. Begriff *Mist* erläutern) – Namen schwingen – rotes Jojo finden

Lisa ist mit Simon am Mist.

Ist Nils am Mist?

Nina ist in Not.

Ninas  ist am Ast.

Mist!

Li	sa	Lisa
Si	mon	Simon
Nils		Nils

Niv. 2: Sätze erlesen – darüber spekulieren, wie Nina geholfen werden könnte – Namen schwingen und erarbeiten, dass der /s/-Laut nur am Silbenanfang weich/gesummt klingt – alle S/s-Wörter aus dem Text heraussuchen und schwingen, dabei die Lautung des /s/-Lautes benennen

S/s → AH: 22, 23 – AH-Fördern: 22, 23 – SLG: 11 – HRU: 37, 38 – KV: 39, 40, 41 – Diff.-Block: 21, 22

Herbst-Haiku

Mein kleiner Drachen
fliegt vorbei im wilden Wind.
Uppps, der Hut gewinnt!

Erntedankfest

Viele Menschen auf der Welt
feiern im Herbst das Erntedankfest.
Sie bedanken sich dafür, dass
die Natur uns mit Essen versorgt.
Denn alles, was wir essen,
kommt von Tieren und Pflanzen.

Auf Bauernhöfen werden dazu Tiere gehalten und Getreide, Obst
und Gemüse angebaut. Die Kuh gibt Milch. Das Huhn legt Eier.
Getreide, Gemüse und Obst werden von Feldern und Bäumen geerntet.
Aus dem Getreide wird manchmal Mehl ... und daraus vielleicht sogar
ein Kuchenteig gemacht.

Oft spenden Menschen zum Erntedankfest auch Lebensmittel.
Darüber freuen sich andere.

Herbst-Haiku: Text erlesen – einfache Haiku-Form erarbeiten, hier Variante: Dreizeiler mit 5–7–5 Silben zum Thema „Jahreszeit"
Erntedankfest: Text erlesen, unbekannte Begriffe klären – von bekannten Bräuchen zum Erntedankfest berichten oder Bräuche
recherchieren (Altarraum in Kirchen schmücken, Umzüge ...) – über angemessenen Umgang mit Lebensmitteln austauschen –
ein Erntedankbild malen

S. 146

Torkel

Aua!

   Kuckuck!

Mann, Torkel, hast du mich erschreckt!

   Du hast Marmelade am Knie!

5 Das ist keine Marmelade. Das ist Blut.

   Blut?! Wer hat dir denn Blut ans Knie geschmiert?

Niemand! Ich bin ausgerutscht. Auf diesen Blättern hier.

   Wieso liegen die denn da?

Sie sind vom Baum gefallen.

10   Oh, kriegt er eine Glatze?

Nein, Torkel, das liegt am Herbst!

   Herbst? Ist das eine Krankheit?

Eine Jahreszeit. Erst kommt der Frühling,
dann der Sommer, dann der Herbst und dann ...

15   Und im Herbst fällt man hin
   und bekommt blutige Knie?

Nein, Torkel!
Man sammelt Kastanien. Es gibt Kürbissuppe,
Pflaumenkuchen und Drachen. ◇

Charlotte Habersack

Torkel (Buchauszug): Dialog in wechselnden Rollen abschnittsweise erlesen – Bilder betrachten und Figuren den Schriftfarben zuordnen – Jahreszeiten in richtiger Reihenfolge benennen und beschreiben – Besonderheiten/Feste im Herbst thematisieren – Buch besorgen
Lesefutterseiten „Im Herbst" → HRU: 109

Iiii,
Salat mit
Ananas!

Mmm,
Salami!

Salat

Ananas

Lama

Salami

Mama

Ast

Oma

3-mal
Lisa

Mama Salat Lama Lisa Ali Ina
Salami Lisa lila Lola Oma Ali
Simon Salat Ina Salami Lisa

Kapitelabschluss „Im Herbst": Abbildung betrachten und Domino-Systematik anhand der ersten Dominostein-Reihe nachvollziehen – 2. und 3. Reihe in die richtige Reihenfolge bringen (mit „Dominosteinen" der Kopiervorlage 26 umsetzen) **Lesestrategiekasten** (unten): Wörter und Sprechblase erlesen – in jeder Zeile den Namen *Lisa* einmal entdecken/zeigen **Jojo-Seite „Im Herbst"** → HRU: 113 – KV: 42

Tiere

Wie sieht dein Lieblingshund aus?

Kapiteleinstieg „Tiere": Hunde betrachten und beschreiben – Unterschiede formulieren (Größe, Farbe, Fell, Ohren, Schnauze) –
über Erfahrungen mit eigenen Haustieren / Bedürfnisse von Haustieren austauschen – Jojos Frage beantworten, dazu malen –
Buch „Alles über deinen Hund": besorgen – Klassenbuch zu Fibelhund *Jojo* (Fotos mit Handpuppe, Texte zu Jojo …) beginnen
Kinderbuchseite „Tiere" → HRU: 19

E e

Alle Esel essen Salat.

Nino ist mit Tante Lena am .

Tante Lena ist nett.

Tante Lenas Mantel ist lila.

Niv. 1: Buchstabeneinführung wie zuvor – verschiedene /e/-Lautungen (lang klingend, kurz klingend) heraushören – Szenen/Figuren beschreiben – Vermutungen über den Ort anstellen – Text erlesen und den Bildinhalten zuordnen – Bedeutung der Piktogramme zur Parkordnung klären – über eigene Tierparkbesuche berichten – rotes Jojo finden

Nina ist mit Jojo am See.

Alles ist total nass.

O, Ninas Mantel ist nass!

Ooo!

Essen alle Enten Tomaten?

Alle Enten essen ...

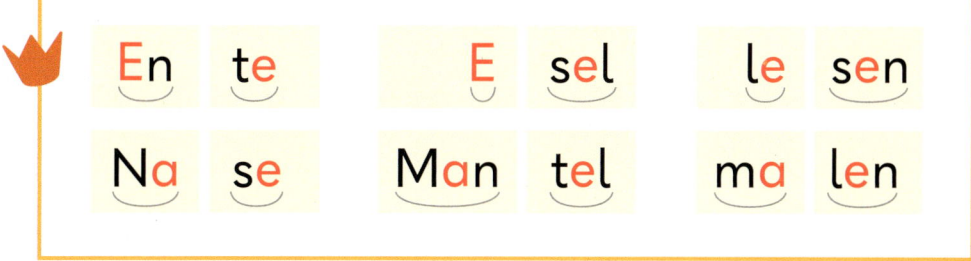

| En te | E sel | le sen |
| Na se | Man tel | ma len |

Niv. 2: Text erlesen – beschreiben, warum Ninas Mantel nass wird – letzte Zeile mündlich vervollständigen –
Wörterkasten: Wörter schwingen und Silbenkönig in jeder Silbe ermitteln
E/e → AH: 24, 25, 26, 27 – AH-Fördern: 24, 25, 26, 27 – SLG: 12 – HRU: 39, 40 – KV: 43, 44, 170, 171 – Diff.-Block: 23, 24, 25, 26

31

P p

Pa – pe – pi – po!

Popo!

Paola ist toll!

Paola passt in Mamas Mantel.

Polli ist Paolas  .

Polli soll essen.

Niv. 1: Buchstabeneinführung wie zuvor – Szenen in Ninos Wohnzimmer beschreiben – Text erlesen – Familienmitglieder einander zuordnen und den Katzennamen *Polli* bewusst machen – Begriffe mit /p/-Laut innerhalb der Abbildung finden – über Tiere im Haushalt austauschen – lustige Papageien-Sprüche erfinden – rotes Jojo finden

Alle lesen mit Opa.

Papa ist mit Nino im Sessel.

Opa ist Papas Papa.

Also ist Opa alt.

Ninos Opa ist so nett!

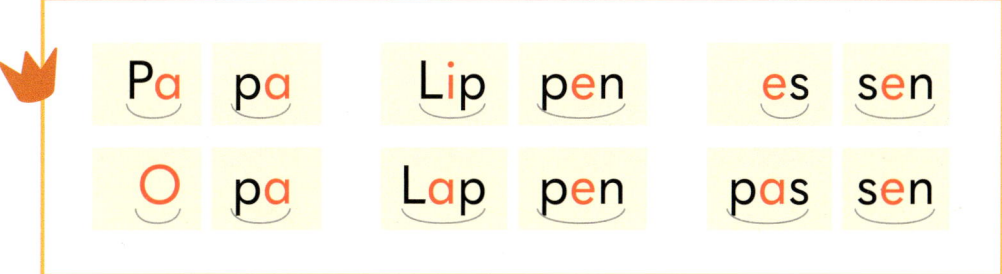

Pa	pa	Lip	pen	es	sen
O	pa	Lap	pen	pas	sen

Niv. 2: Text erlesen – über Verwandtschaftsverhältnisse austauschen (Oma/Opa, Mama/Papa, Schwester/Bruder …) –
Wörterkasten: Wörter schwingen und Silbenkönig in jeder Silbe ermitteln – identische Endsilben ermitteln
P/p → AH: 28, 29 – AH-Fördern: 28, 29 – SLG: 13 – HRU: 41, 42 – KV: 45, 46 – Diff.-Block: 27, 28

W w

Paola will etwas wissen:

Wann will Polli essen?

Wo soll Polli essen?

Will Polli an Mamas Wolle?

Niv. 1: Buchstabeneinführung wie zuvor – Szenen mit Katze *Polli* beschreiben – Text erlesen und Fragen anhand der Abbildungen beantworten – über Haustierhaltung austauschen (Bedürfnisse, Verantwortung ...) – rotes Jojo finden

Wo ist Jojos nasse Nase?

Jojos Nase ist an Ninas Nase.

Nino will wissen,

was Jojo isst.

Jojo will

Salami essen.

wis sen

wollen
sollen

passen
lassen

Niv. 2: Abbildungen beschreiben – Text erlesen – über artgerechtes Fressen für Haustiere austauschen –
Wörterkasten: Wörter schwingen; Silbenkönig in jeder Silbe ermitteln – fehlende Silbenkönige in *lassen* ergänzen
W/w → AH: 30, 31 – AH-Fördern: 30, 31 – SLG: 14 – HRU: 43, 44 – KV: 47, 48, 49 – Diff.-Block: 29, 30, 31, 32

35

Zum Lachen

Stehen zwei Kühe auf der Weide.
Sagt die eine Kuh: „Muuuh!"
Sagt die andere Kuh:
„Das wollte ich auch gerade sagen!"

Tier-Gedichte

VOGELEI

Es fiel einmal
ein Vogelei
vom Himmel
in den Haferbrei.
Da liegt es warm,
da liegt es mollig.
Ob wohl was schlüpft?
Das fänd ich drollig.

Michael Augustin

DAS KÜKEN

Kaum war es
aus dem Ei geschlüpft,
da wär's schon
gern zurückgehüpft.

Michael Augustin

Zum Lachen: Witz erlesen – weitere Witze sammeln und erzählen – Klassen-Witzesammlung erstellen und im Laufe des Schuljahres fortführen
Tier-Gedichte: Gedichte erlesen – Gedicht bewusst betonen – auswendig lernen – vortragen (freiwillig!)

Minus Drei wünscht sich ein Haustier

*Der kleine Dino **Minus Drei** darf leider kein Haustier haben.*
Also leiht sich Minus nun Haustiere aus. Topsi ist das Haustier
von Frau Meso. Einmal wollte Minus mit Topsi spazieren gehen …

Topsi, der Triceratops, freute sich SEHR über Minus' Besuch.

„Er liebt Kinder über alles", sagte Frau Meso und gab Minus die Leine.

„Bis später dann und viel Spaß!"

Minus legte Topsi an die Leine und

5   dann ging Topsi mit Minus spazieren.

Topsi hatte es sehr eilig.

Wo will Topsi nur hin?, dachte Minus.

Und da wusste er es auch schon.

„Ich hatte vergessen, dir zu sagen, dass der Sudel-Sumpf

10   sein Lieblingsplatz ist", sagte Frau Meso. Sie gab Minus zwei Muscheln.

„Du darfst Topsilein auch schrubben, wenn du magst.

Dafür bekommst du sogar fünf Muscheln", fügte sie hinzu.

„Heute kann ich leider nicht", sagte Minus schnell.

„Zu viele Hausaufgaben." ◈

Ute Krause

S. 146

Minus Drei wünscht sich ein Haustier (Buchauszug): Text erlesen, ggf. unbekannte Begriffe klären –
darüber spekulieren, warum Dino *Minus Drei* lieber Hausaufgaben macht als *Topsi* weiter zu betreuen – über Erfahrungen
mit Haustieren austauschen – Aufgaben sammeln, die mit der Haustierhaltung zusammenhängen – Buch besorgen
Lesefutterseiten „Tiere" → HRU: 110

37

Was? Wann? Wo?

Was wollen ...?

Wann soll ...?

Wo ...?

E e Wo essen alle Enten Salat?

P p Mit wem ist Papa im Sessel?

W w Was will Paola wissen?

Kapitelabschluss „Tiere": über die Fotos frei austauschen – Fragewörter erlesen und damit Fragen zu den Fotos formulieren, z. B. „Was wollen Hunde spielen?", „Wann soll ein Hund schlafen?", „Wo ... ?" – *optional:* freies Schreiben von Fragen/Antworten dazu
Lesestrategiekasten (unten): Fragen erlesen, Antworten nach und nach auf den angegebenen Fibelseiten suchen
Jojo-Seite „Tiere" → HRU: 113 – KV: 50

Fantasie-Figuren

Worüber ärgert sich dieses Monster wohl?

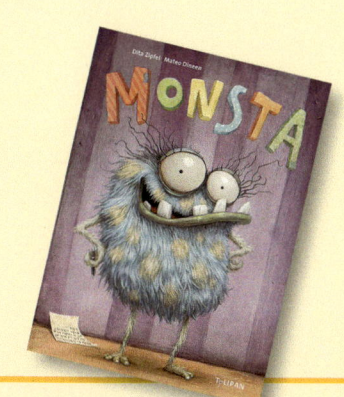

Kapiteleinstieg „Fantasie-Figuren": Buchvorstellung „MONSTA": Abbildungen betrachten und Buchtitel (r. u.) erlesen – Vermutungen über das Geschehen äußern (MONSTA versucht mit allen Mitteln, das schlafende Kind zu erschrecken, das seelenruhig weiterschläft) – über eigene Ängste, z. B. im Dunkeln, austauschen – feststellen, dass es keine Monster gibt – Buch besorgen
Kinderbuchseite „Fantasie-Figuren" → HRU: 19

R r   **Rate mit!**

Wer will als Erster raten?

Rate:

Wo ist Ritter Rost?

Was ist rot am Sams?

Wer will rollen?

Niv. 1: Figuren beschreiben, ggf. benennen (*Der kleine Drache Kokosnuss – Das Sams – Ritter Rost*) –
Fragen erlesen, den Figuren zuordnen und mündlich beantworten – ggf. Vorkenntnisse zu den Figuren formulieren lassen –
Bücher zu den Figuren besorgen und daraus vorlesen

Wer will antworten?

Was passt?

★ Pirat mit Messer

★ Retter mit Wasser

★ Monster MONSTA isst Rosinen.

★ Monster MONSTA rastet im Tee.

★ Ratte Rita rast los.

★ Monster-Mia mit Ratte

Wer ist nass?

Niv. 2: Figuren beschreiben, Auswahlsätze erlesen, passenden Satz benennen – unterschiedliche Endungen von *Monster*
und *MONSTA* deutlich artikulieren – festhalten, dass es, außer Namen, kaum Wörter mit a am Ende gibt – Figuren recherchieren
(*Käpt'n Sharky – Monster MONSTA* von Seite 39 – *Monster-Mia*) – Frage beantworten – Bücher zu den Figuren besorgen
R/r → AH: 32, 33 – AH-Fördern: 32, 33 – SLG: 15 – HRU: 45, 46 – KV: 51, 52 – Diff.-Block: 33, 34

Es war einmal …

Es war einmal ein Ritter.
Sein Name war Rolo.
Rolo war ein toller Reiter.

Rolo war
mein Retter.

Ein Pirat wollte
Rosalis Perlen.

Niv. 1: Graphem Ei/ei und Lautbild *Eis* auf der Lauttabelle suchen – Ei/ei als erstes mehrgliedriges Graphem (hier Zwielaut) vorstellen: zwei unterschiedliche Laute werden zu einem neuen Laut – Abbildungen beschreiben und Text erlesen – anhand der Bilder rechts Vermutungen zur Geschichte mit *Ritter Rolo* formulieren

So rettet Ritter Rolo seine Rosali

1 Einmal wartet Rosali an einem Tor.

2 Ein Pirat will Rosalis Perlen. Ritter Rolo ist als Erster am Tor.

3 Rolo rettet Rosali mit einem Eimer Wasser.

4 Weint Rosali etwa? Nein, Rosali ist nass.

Niv. 2: Märchen (Bildergeschichte) erlesen und zu den Bildern erzählen – von weiteren bekannten
Märchen berichten – eine Märchenstunde durchführen (z. B. Märchen vorlesen, Hörbücher anhören)
Ei/ei → AH: 34, 35 – AH-Fördern: 34, 35 – SLG: 16 – HRU: 47, 48 – KV: 53, 54, 57 – Diff.-Block: 35, 36

43

D d Eine Reise ins All

Wer ist denn das?

Das ist Dino Dodo.
Dodo ist ein Mars-Dino.

Was ist in der Dose?

Andi, dein Dino ist toll!

Niv. 1: Szene und Kinderzeichnungen an der Tafel beschreiben – Begriffe *All* und *Datteln* klären – Sprechblasentexte erlesen – Vorwissen über die Erde, die Sonne, Planeten, das Weltall austauschen – selbst ein Bild zum Thema malen und dazu erzählen (oder z. B. Anitas Mond-Leiter malen)

Niv. 2: Sprechblasentexte erlesen – Vorwissen über das Weltall / Planeten austauschen –
selbst ein Bild zum Thema malen und dazu erzählen (oder z. B. Anitas Mond-Leiter malen)
D/d → AH: 36, 37 – AH-Fördern: 36, 37 – SLG: 17 – HRU: 49, 50 – KV: 55, 56, 57, 58 o. – Diff.-Block: 37, 38

45

Ein sehr kurzes Märchen

Hänsel und Knödel,
die gingen durch den Wald.
Nach längerem Getrödel
rief Hänsel plötzlich: „Halt!"

Ihr alle kennt die Fabel,
des Schicksals dunklen Lauf:
Der Hänsel nahm die Gabel
und aß den Knödel auf.

Michael Ende

Ein Rätsel für Rabauken

Ich trage einen schlappen Hut
und bin sehr stolz auf meinen Mut.
Mein Bart ist ganz besonders struppig
und mein Geschrei schon ziemlich ruppig.
Im Gürtel trag ich sieben Messer,
und was ich will, gibst du mir besser!
Sicher hat mich keiner lieb,
denn ich bin ein böser Dieb.

Ich reime mich auf Bärenrotz.
Mein Name, der ist _____ ???

Hotzenplotz

Ein sehr kurzes Märchen: Gedicht erlesen – Begriffe klären (Fabel, des Schicksals dunkler Lauf) – Kinder, die das Märchen „Hänsel und Gretel" kennen, darüber erzählen lassen – Märchen vorlesen
Ein Rätsel für Rabauken: Gedicht wiederholend erlesen – passende Intonation besprechen – unbekannte Wörter klären (ruppig, Bärenrotz) – Reimergänzung „Hotzenplotz" finden – Hotzenplotz-Geschichten vorlesen

Prinz küsst Kröte, aber ...

Der Prinz hat die Kröte Katarina geküsst.
Dadurch hat sie sich in eine Prinzessin verwandelt.

Katarina: Wo bin ich?

Prinz: In meinem Schloss. Ist es nicht schön?

5 Katarina: Äh, ja, aber ...

Prinz: Kein Aber! Schau dich um! Hier ist alles aus Gold.

Katarina: Das Wasser in meinem See funkelt aber schöner.

Prinz: Bei Tisch gibt es die leckersten Speisen.

Katarina: Aber eigentlich esse ich am liebsten Fliegen.

10 Prinz: Du schläfst in Kissen aus reiner Seide.

Katarina: Aber mein Seerosenblatt ist viel gemütlicher.

Prinz: Eine Kutsche fährt dich jeden Tag zum See.

Katarina: Ich hüpfe aber lieber durch die Wiesen.

Prinz: Aber, aber, aber! Bist du undankbar!

15   Nie wieder küsse ich eine Kröte!

Katarina: Doch, bitte, bitte!

   Aber wirklich nur noch einmal!!!

Prinz: Na gut, wenn's unbedingt sein muss. Schmatz!

Katarina: QUAAAAK! Glück gehabt!

20   Aber ... von einem Prinzen lasse ich mich

   nie wieder küssen!

Frauke Nahrgang

Prinz küsst Kröte, aber ... : Abbildungen betrachten und Text (mit verteilten Rollen) erlesen lassen – Kinder darüber spekulieren lassen, warum die Angebote des Prinzen Katarina nicht überzeugen (z. B. Schönheit der Natur, artgerechte Lebensweise) – darüber austauschen, ob Reichtum immer glücklich macht – Dialog evtl. weiterführen (z. B.: „Ein Diener bringt dir alles, was du willst.")
Lesefutterseiten „Fantasie-Figuren" → HRU: 110

S. 147

47

Dreimal

	①	②	③
	Rosali	rennt	an einem Tor.
	Ein Monster	wartet	in Opas Sessel.
	Der Pirat	redet	mit dem Eimer.
	Ein Dino	rodelt	in der Wanne.
	Der Mond	poltert	mit Inas Mantel.
	Eine Dame	reitet	in einem Nest.

Ein Monster

Ein Monster redet

Ein Monster redet mit Inas Mantel.

Kapitelabschluss „Fantasie-Figuren": Überschrift erlesen, Abbildung betrachten, Vermutungen zur Umsetzung anstellen –
Partnerarbeit: ein Kind erwürfelt jeweils drei Satzteile, das andere liest diese vor, dann wird gewechselt – Sätze abschreiben
Lesestrategiekasten: Satzteile wiederholend aufbauend erlesen – bei weiteren erwürfelten Sätzen so verfahren
Jojo-Seite „Fantasie-Figuren" → HRU: 113 – KV: 58 u., 59

Im Winter

Was gefällt dir am Winter?

Kapiteleinstieg „Im Winter": Buchvorstellung „Weihnachten im Stall": über das Buchcover austauschen – Fotos betrachten und über mögliche Winteraktivitäten/-erfahrungen (z. B. im Schnee, im Warmen / frieren, backen, basteln, feiern) austauschen – zu Jojos Frage berichten oder frei schreiben – Winterbilder malen – zur Weihnachtszeit das Buch besorgen und daraus vorlesen
Kinderbuchseite „Im Winter" → HRU: 19

49

U u   So ein Unwetter

Alles ist nass. Der Wind pustet.
Nino und Nina warten
an einer roten Ampel.

Dann rennt Nino los.

Was tut Nino?
Warum rudert er
mit den Armen?

Niv. 1: Überschrift erlesen – Szenen beschreiben – Buchstaben U/u innerhalb der Abbildungen finden – unterschiedliche /u/-Lautungen herausarbeiten – Text erlesen und Ninos Missgeschick beschreiben (er ist auf dem nassen Laub ausgerutscht) – von eigenen Erlebnissen auf nassen Straßen/Wegen berichten

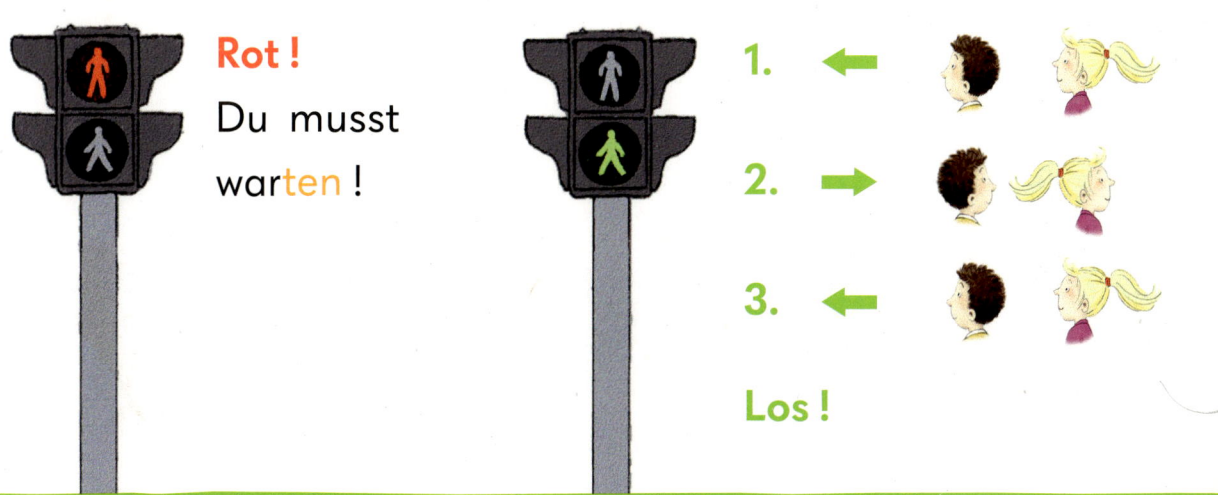

Nun rennen Nina und Jojo los.

Nina umarmt Nino: Du Armer!

Nino meint nur: Jojo, lass den Unsinn!

Uppps! Mein Popo ist unten nass!

Rot!
Du musst
warten!

1. ←

2. →

3. ←

Los!

Niv. 2: Textende erlesen – über angemessene Kleidung/Schuhe austauschen – anhand der Abbildungen unten
das richtige Verhalten beim Überqueren einer Straße an der Ampel besprechen und von den Kindern formulieren lassen
U/u → AH: 38, 39 *plus* 40, 41 – AH-Fördern: 38, 39 *plus* 40, 41 – SLG: 18 – HRU: 51, 52 – KV: 60, 61 – Diff.-Block: 39, 40

F f

Ninos Anruf

Am Fenster ist Frost.

Drinnen am Ofen ist es warm.

Nino ruft Nina an. Das tut er oft.

Du, Nina,
wollen wir uns
treffen?

...

Opa will uns
filmen.

...

Wuff!

Niv. 1: Begriffe mit /f/-Laut in den Abbildungen finden – Überschrift erlesen – über Sprechblasen spekulieren
(Auslassungspunkte ggf. klären) – Ninos Sprechblasen lesen – mögliche Antworten von Nina formulieren

Was musst du denn tun?

...

Muss das sofort sein?

...

Na, dann erst um 5. Fein, Nina! – Wir warten.

Wuff!

Opa muss warten. Das findet er doof.

Musst du immer reinrufen?

Wuff!

Niv. 2: Textende erlesen und wieder mögliche Antworten von Nina formulieren – mit verteilten Rollen lesen/spielen
F/f → AH: 42, 43 – AH-Fördern: 42, 43 – SLG: 19 – HRU: 53, 54 – KV: 62, 63 – Diff.-Block: 41, 42

53

H h   Nino hat Husten

Nino hat Husten.

Nino ist heiser.

Sein Hals ist rot.

Papa holt Tee und Hustensaft.

Nino findet Hustensaft doof.

Er ruft sofort:

„Den Saft will Paola!"

Niv. 1: Abbildungen beschreiben und Vermutungen zur dargestellten Situation formulieren – über Ninos Aussage unten spekulieren – von eigenen Erfahrungen mit Erkrankungen berichten

Papa antwortet:

„Ha, ha! Du hast Ideen.

Nur du nimmst den Hustensaft!

Du wirst sehen. Er hilft.

Und das ist dein warmer Tee."

Paola ruft: „Hallo, Polli!

Du musst Nino helfen!"

Was holt Papa alles?

Niv. 2: Textende erlesen und über eigene Erfahrungen bei der Behandlung von Erkrankungen berichten –
abgebildete Dinge aus dem Feld r. u. auf Papas Tablett wiederfinden – darüber spekulieren, wie Katze *Polli* helfen könnte
H/h → AH: 44, 45 – AH-Fördern: 44, 45 – SLG: 20 – HRU: 55, 56 – KV: 64, 65 – Diff.-Block: 43, 44

55

ie   Paola will helfen

Papa ist wieder fort.

Nino niest und friert.

Paola holt Polli:

„Hier ist Polli!

Niemand ist so warm wie sie!"

Mama ist nun da.

Sie ruft: „Halt, Paola!"

Niv. 1: Zwielaut -ie- und Lautbild *Wiese* auf der Lauttabelle suchen – besprechen, dass es zum -ie- keinen Großbuchstaben gibt (siehe Buchstabenfenster l. o.), das -ie- also nie am Wortanfang steht – -ie- klingt immer wie der lange /i/-Laut – Abbildung betrachten und Vermutungen über Paolas Vorhaben formulieren – Text erlesen

Paola antwortet:
„Nino friert. Frieren ist fies.
Polli ist nett.
Sie will Nino nur helfen."

Mama nimmt Polli wieder herunter.
„Unsinn! Dieses nette Tier hat mit dir nie Ruhe!"

Nino muss wieder niesen.
Mama misst Ninos Temperatur.

Wie nennt man das?

Niv. 2: Textende erlesen – über richtiges Verhalten bei Krankheit austauschen
(z. B. Ruhe, Wärme, viel trinken, Hygiene, frische Luft) – Begriff *Wärmflasche* benennen
ie → AH: 46, 47 – AH-Fördern: 46, 47 – SLG: 21 – HRU: 57, 58 – KV: 66, 67, 68 o. – Diff.-Block: 45, 46

Vier Lichter

Ein Licht sagt uns:
„So wartet doch!"
Das zweite sagt:
„Es dauert noch!"

Das dritte flüstert:
„Nicht mehr lang!
Ich hör schon leise
den Gesang."

Das vierte sagt: „Es ist so weit!
Denn nun ist endlich Weihnachtszeit!"

Gabriele Roß

Dein Licht zum Verschenken

Du brauchst:

- Zeitungspapier zum Auslegen
- ein sauberes altes Glas
- bunte Transparentpapier-Stücke zum Bekleben
- Fertigkleister als Klebstoff
- einen dicken Borstenpinsel zum Bestreichen des Glases
- ein Teelicht

Kirchenfenster: Motiv beschreiben – über die Wirkung des Lichtes austauschen – ein eigenes „Kirchenfenster" malen
Vier Lichter: Gedicht mehrfach erlesen, auf passende Intonation achten – über Bedeutung und Bräuche der Weihnachtszeit austauschen (Geburt Jesu, Adventskranz, Backen, Basteln, Singen)
Dein Licht zum Verschenken: Text erlesen, Foto betrachten – Bastel-Idee umsetzen

S. 147

Wie die Menschen feiern

Nina und Nino erzählen

Unsere Religion heißt Christentum.

Im Dezember feiern wir das Weihnachtsfest.

Damit erinnern wir an die Geburt Jesu.

Wir schmücken einen Weihnachtsbaum.

Dann singen wir Weihnachtslieder.

Wir beschenken uns und essen Süßigkeiten.

Ali erzählt

In der Türkei feiern wir nicht Weihnachten,

weil die meisten Türken keine Christen sind.

Unsere Religion heißt Islam.

Einmal im Jahr feiern wir das Zuckerfest.

Wir beten, essen Süßes und beschenken uns.

Das Zuckerfest findet jedes Jahr

an einem anderen Tag statt.

Noa erzählt

Meine Religion heißt Judentum. Wir feiern

im Dezember das Lichterfest.

Wir haben einen Leuchter mit neun Armen.

Die Kerze in der Mitte wird zuerst angezündet.

Mit ihr zünden wir jeden Tag eine weitere Kerze an.

Wir singen Gebete, essen leckere Sachen und

beschenken uns.

Wie die Menschen feiern: Texte abwechselnd erlesen, ggf. unbekannte Begriffe klären – über Unterschiede und
Gemeinsamkeiten der Feste austauschen (z. B. Bedeutung des Lichts, sich beschenken) – Kinder von weiteren Bräuchen
und Glaubensrichtungen erzählen lassen – Wünsche formulieren und ggf. frei schreiben
Lesefutterseiten „Im Winter" → HRU: 110

S. 147

59

Wir sammeln den Winter ein

Win**ter**...

Winterpulli Winterpapier

Winterferien Wintermantel

Winternudel Wintermonat

Passt alles?

Kapitelabschluss „Im Winter": Überschrift erlesen, Abbildungen betrachten, Vermutungen zu den abgebildeten Anregungen anstellen und formulieren – eine Klassen-Winterkiste packen – Winterbilder malen – ein Winterheft anlegen
Lesestrategiekasten: Komposita mit *Winter* erlesen, die falschen benennen (*Winternudel, Winterpapier*), weitere finden
Jojo-Seite „Im Winter" → HRU: 113 – KV: 68 u., 69

Zeit vergeht

Fühlen sich fünf Minuten immer gleich lang an?

Kapiteleinstieg „Zeit vergeht": Buchvorstellung „Fünf Minuten": Bilder betrachten, die dargestellte Not des Jungen beschreiben – zu Jojos Frage das individuelle Zeitgefühl in unterschiedlichen Situationen benennen – Buch besorgen
Kinderbuchseite „Zeit vergeht" → HRU: 19

61

Z z   Niemand hat Zeit

Es ist 7  .

Es wird Zeit. Mama ist in Eile.
Zuerst muss sie mit Jojo zum Arzt.
Dann muss sie sofort zur Firma.

Nina ruft Mama zu:
„Wann isst du
mit uns zusammen?"

Niv. 1: Überschrift erlesen – Vermutungen zum Bild l. u. anstellen – Texte erlesen und Ninas Kummer beschreiben –
zu eigenem Tagesablauf bzw. der Zeitspanne zwischen Aufstehen und Schulbeginn erzählen

Jojo zerrt an der Leine.

Mama ruft:

„Leon, hallo! In zwei Minuten musst du los!

Nina, nimm deinen Ranzen!"

Dann nimmt Mama Nina in den Arm:

„Tut mir leid, mein Herz!

Um zwei essen wir wieder

alle zusammen."

Was tust du um …

   ?

Niv. 2: Textende erlesen – ggf. Kenntnisse über das Uhrenlesen austauschen – Frage unten mündlich
oder schriftlich beantworten: Uhrzeit aussuchen oder vereinfacht zu *morgens, mittags, abends* berichten
Z/z → AH: 48, 49 – AH-Fördern: 48, 49 – SLG: 22 – HRU: 59, 60 – KV: 70, 71 – Diff.-Block: 47, 48

B b   Bei Ninas Bruder Leon

Nina ist bei Leon im Zimmer.

Beide malen Bilder mit Dinos.

Nina malt bunte Blumen neben den Dino.

Nina: „Wie alt wurden Dinos?"

Leon: „Dinos wurden nur so alt wie wir.

Sie hatten ein wildes Leben."

Niv. 1: Überschrift erlesen – Abbildung beschreiben, Vermutungen anstellen – Begriffe mit /b/-Laut innerhalb der Abbildung finden – Kenntnisse über Dinos austauschen – durchschnittliche Lebensdauer des Menschen thematisieren

Am Abend meint Leon:
„Wie nennst du deinen Dino?"
Nina ruft: „Bitte, hilf mir dabei!"

Aber Leon hat eine
bessere Idee.
Er malt ein Blatt mit Silben:
„Damit bildest du selbst
deinen Dino-Namen."

Ba	ra	sa	ras
Be	re	se	res
Bi	ri	si	ris
Bo	ro	so	ros
Bu	ru	su	rus

Nina nimmt
die ersten Silben:

Ba-ro-

Das ist
mein lieber
Barosarus!

Bilde Dino-Namen mit 4 Silben.

Niv. 2: Textende erlesen – Silbenteppich besprechen, unterschiedliche Dino-Namen aus vier Silben
bilden (mündlich/schriftlich) – Dinos dazu malen – Dino-Bücher ausleihen und gemeinsam anschauen
B/b → AH: 50, 51 – AH-Fördern: 50, 51 – SLG: 23 – HRU: 61, 62 – KV: 72, 73 – Diff.-Block: 49, 50

65

Ch ch

Wenn in China Nacht ist

Alle lesen in einem Buch.

Leon meint: „Immer nur ein Teil der Erde
hat Sonnenlicht.
Der andere Teil aber nicht."

Leon bastelt eine Erde
aus einfachen Sachen:
„Hier sind wir –
und dort unten ist China."

Niv. 1: Ch/ch und Lautbilder *Buch* und *Milch* auf der Lauttabelle suchen, unterschiedliche /ch/-Lautungen
herausarbeiten – Text erlesen – Abbildung u. r. besprechen und ggf. an einem Globus erläutern

„Wenn es hier hell ist,
ist in China Nacht."

Nino wundert sich:
„Ist in China immer Nacht?"
Leon lacht: „Nein. Die Erde ist ein Planet.
Planeten drehen sich um sich selbst."

Nina ruft: „Ach so!
Wenn bei uns Nacht ist, ist es in China hell!
Hab ich recht?"

Niv. 2: Textende erlesen – Vorwissen zum Weltall austauschen – Abbildungen unten besprechen und mit
Taschenlampe und Apfel (oder Globus) nachvollziehen – Buchtitel r. o. erlesen – Bücher zum Thema mitbringen
Ch/ch → AH: 52, 53 *plus* 54, 55 – AH-Fördern: 52, 53 *plus* 54, 55 – SLG: 24 – HRU: 63, 64 – KV: 74, 75, 76 – Diff.-Block: 51, 52

67

Von morgens bis abends

Wenn ich morgens aufstehe und zur Schule muss,
vergeht die Zeit meistens viel zu schnell.
Vor meinem Geburtstag vergeht sie aber viiiiel zu langsam!
Manchmal habe ich an einem Tag so viel zu tun,
dass mir ganz schwindelig wird.
Wenn ich keine Lust habe, etwas zu tun, fühlen sich Stunden
wie Tage an.
Aber abends – möchte ich immer länger aufbleiben!

Mein schönster Tag			
morgens	vormittags	nachmittags	abends
ausschlafen	mit Papa frühstücken		

Zeitgefühl

Opa sagt zu Nino:
„Wenn ich dich so ansehe, merke ich,
wie schnell die Zeit vergeht:
Gerade warst du noch ein Baby.
Plötzlich konntest du krabbeln.
Und nun bist du schon fast so groß wie ich."

Nino meint: „Komisch, Opa,
du siehst genauso aus wie immer!"

Von morgens bis abends: Text erlesen und über individuelles Zeitempfinden austauschen – Tabelle zum Tageslauf anschauen, mündlich ergänzen – eigene analoge Tabelle für den „idealen" Tag anlegen
Zeitgefühl: Text erlesen – Vermutungen zu Ninos Aussage anstellen: Wieso hat sich Opa in Ninos Wahrnehmung gar nicht verändert?

S. 147

Neulich in der Steinzeit – Ugulu und Mim

„Pilze sammeln ist ja sooo langweilig",
jammert Ugulu.
„Ich will endlich mit auf die Jagd!
Ich werde ein Mammut fangen.
5 Dann bin ich auch ein Jäger", sagt Ugulu.
„Ich baue eine Falle."

Ugulu legt zwei Birkenstämme über einen Stein. Auf das eine Ende
häuft er dicke Kieselsteine. „Das Mammut tritt auf das kurze Ende hier.
Der Baumstamm wippt nach oben und schleudert die Steine gegen das
10 Mammut. Es wird ohnmächtig und dann hab ich es."

„Steine? Das tut dem Mammut doch weh", entrüstet sich Mim.
„Da hast du recht", gibt Ugulu zu. „Dann nehme ich eben die Pilze.
Die sind weicher." ◇

Warum kaufen Ugulu und Mim
die Pilze nicht im Supermarkt?
Das können sie nicht.
Da müssen sie noch lange warten,
etwa 12.000 Jahre, denn …
Es gibt keinen Supermarkt.
Die beiden leben in der Steinzeit.

Das ist schon sehr lange her. Ungefähr 12.000 Jahre.
In der Steinzeit war alles aus Stein? Nein, natürlich nicht!
Aber die Menschen stellten viele Werkzeuge aus Stein her.
Darin waren sie sehr geschickt.

Kai Pannen

Neulich in der Steinzeit – Ugulu und Mim (Buchauszug): Text erlesen – fremde Begriffe benennen und klären/recherchieren –
Werkzeuge auf den Bildern betrachten, Vermutungen zur Nutzung anstellen – Namen analoger Werkzeuge von heute benennen –
groben Zeitstrahl anlegen (vor 10.000 Jahren bis heute) – Buch besorgen – ein archäologisches Museum besuchen
Lesefutterseiten „Zeit vergeht" → HRU: 110

Wenn es Nacht ist in China, ...

... bin ich mit Papa noch im Zoo.

... lacht in Italien noch die Sonne.

... ist es mir zu hell.

... lese ich ein tolles Buch.

Und du? Was machst du?

Ba	Be	Bo
Bari	Beru	Bona
Bariso	Berusi	Bonati
Barisorus	Berusiras	Bonatitan

Kapitelabschluss „Zeit vergeht": Überschrift und Sprechblasen erlesen – versetzte Tages-/Nachtzeiten (s. S. 66/67) wieder aufgreifen – eigene Tagesaktivitäten formulieren – Sitzkreisspiel durchführen – freies Schreiben von analogen Aussagen
Lesestrategiekasten: Dino-Namen mehrmals jeweils von oben nach unten erlesen, dabei immer schneller werden
Jojo-Seite „Zeit vergeht" → HRU: 113 – KV: 77

Das bin ich

Wie fühlen sich
die Kinder auf den Bildern?

Kapiteleinstieg „Das bin ich": Buchvorstellung „Mein erstes Buch der Gefühle": Bilder betrachten, Gesichtsausdrücke
beschreiben – dargestellte Gefühle benennen, dabei die Zuordnung begründen – Gefühlswörter / eigene Gefühle benennen
(z. B.: Liebe, Wut, Trotz, Angst, Freude / glücklich, wütend, ängstlich sein) – Buch besorgen
Kinderbuchseite „Das bin ich" → HRU: 19

71

Au au

Das ICH unter meiner Haut

Manchmal finde ich mich
anders besser.

Manchmal brauche ich Mut.
Und dich,
damit du mir Mut machst.
Auf einmal traue ich mich alles.

Manchmal finde ich mich auch toll.
Dann sause ich durchs Haus und will
alle umarmen.

Wenn ich Wut habe, pocht mein Herz
laut unter meiner Haut.
Dann will ich am liebsten fortlaufen.

Niv. 1: Überschrift erlesen und über Bedeutung der Formulierung spekulieren – über individuelle Gefühle und
mögliche Unterstützung bei negativen Gefühlen austauschen – Anregungen zum Gestalten eines ICH-Buches aufgreifen

Ich finde Andi doof!

Warum? Nur, weil er selten redet?

Nein, Andi macht auch fast nie mit!

Lieber Andi, mach doch auch mit!

Heute habe ich Anitas Lineal
vom Tisch geworfen.
Das tut mir sehr leid.
Deshalb habe ich jetzt Bauchweh.

Eigentlich war ich doch nur traurig,
weil Papa und Mama sich wieder
gestritten haben.
Aber ich traue mich nicht,
mit den anderen darüber zu reden.

Niv. 1 und 2: Abbildung betrachten, Sprechblasen erlesen – über irritierendes Verhalten, mögliche persönliche Hintergründe und den Umgang damit austauschen – **Niv. 3: Einführung der Zusatztexte** (ohne Silbenfärbung, mit unbekannten Buchstaben) – Text vorlesen oder von fortgeschrittenen Kindern vorlesen lassen – Thema von oben vertiefen
Au/au → AH: 56, 57 – AH-Fördern: 56, 57 – SLG: 25 – HRU: 65, 66 – KV: 78, 79, 80 – Diff.-Block: 53, 54

73

K k   Ninos Familie

Mein Papa kommt
aus Italien.
Zuerst wollte er nur kurz bleiben.
Dann lernte er Mama kennen.
Nun sind wir eine Familie mit drei Kindern.

Opa lebt auch bei uns. Das finde ich klasse!
Paola liebt laute Musik.
Opa ruft immer: „So ein Krach!"
Aber dann kichert er und wirft ein Kissen nach Paola.

Niv. 1: Bilder betrachten – Textanteile *(links und rechts oben)* zu beiden Familien erlesen –
Unterschiede herausarbeiten – über eigene Familienstrukturen und ggf. die Herkunft erzählen (freiwillig!)
Niv. 2: Textanteile *(links unten / Mitte rechts)* zu beiden Familien erlesen – über eigene Familienstrukturen
und ggf. die Herkunft erzählen (freiwillig!)

Ninas Familie

Mama, Leon und Jojo sind
meine kleine Familie.
Papa lebt nun woanders.
Ich kann Papa aber immer
besuchen.

Leon und ich helfen Mama im Haushalt.
Wenn Mama arbeiten muss,
kommt Oma zu uns und kocht.
Jojo bekommt dann auch einen Knochen.

Eigentlich heiße ich Antonio.
Nino ist eine Abkürzung.
Mein kleiner Bruder Jonas
kann aber nur *Nino* sagen.

Eigentlich mag ich Leon.
Aber wenn es um Aufgaben im
Haushalt geht, streiten wir uns
auch ganz oft.

Niv. 3: Kosenamen/Namensabkürzungen thematisieren – Aufgaben bzw. Aufgabenverteilung im Haushalt besprechen
K/k → AH: 58, 59 – AH-Fördern: 58, 59 – SLG: 26 – HRU: 67, 68 – KV: 81, 82, 83 – Diff.-Block: 55, 56

75

Kartoffeln und Börek

Rösti und Obst!

Börek!

Ölsardinen!

Frau Löber möchte wissen,

was die Kinder oft essen.

Alle Kinder rufen durcheinander.

Lisa findet das blöd: „Hört doch mal auf!"

Frau Löber ruft: „Lisa hat recht!"

Niv. 1: Begriffe *Rösti, Börek, Ölsardinen* ggf. klären –
Gesprächsregeln wiederholen – feststellen, dass Lisa hier angemessen reagiert

Döner-Kebab!

Brötchen!

Eis!

Kartoffeln!

Frau Löber meint:
„So können wir uns nicht hören.
Wenn ein Kind reden möchte,
muss es sich zuerst melden.
Sonst ist es hier zu laut."

Endlich sind alle Kinder leise.
Simon meldet sich:
„Wir können unsere Ideen doch
an der Tafel sammeln."

Lisa sagt mürrisch: „Wenn wir über so leckere Sachen reden,
kriege ich schrecklichen Hunger." Frau Löber will Lisa trösten:
„In der Pause kannst du frühstücken." Aber Lisa schüttelt den Kopf
und meint: „Nein, ich habe mein Brot zu Hause vergessen."

Ali ruft: „Ich gebe dir ein Börek ab." Lisa freut sich: „Oh, danke, Ali!
Du bist nett! Dann können wir weiter über leckere Sachen reden."

Niv. 2: Begriffe *Döner-Kebab, Brötchen* ggf. klären – unterschiedliche Schriftarten in den
Sprechblasen besprechen, Buchstabenformen vergleichen – Lieblingsgerichte an der Tafel sammeln
Niv. 3: Zusatztext erlesen und darüber austauschen
Ö/ö → AH: 60 – AH-Fördern: 60 – HRU: 69, 70 – KV: 84, 85, 86

77

Ü ü

Über unser Essen

Obst	???	andere Sachen
Bananen	Kartoffeln	Bonbons
Birnen	Paprika	Nüsse
Mandarinen	Tomaten	Eis
Weintrauben	Kürbis	Müsli
	...	...

Frau Löber will wissen:

„Was müssen wir öfter essen?

Was würden wir lieber öfter essen?

Und was ist am besten

für unseren Körper?"

Würstchen!

Niv. 1: Lesen der Tabelle thematisieren – Oberbegriff *Obst* besprechen, Oberbegriff *Gemüse* mündlich ergänzen – weitere Lebensmittel mündlich den Tabellenspalten zuordnen – über gesundes/ungesundes Essen austauschen, Bewertungen begründen

Die Kinder wollen einen Obstsalat machen.
Frau Löber holt eine Tüte mit Obst, Nüssen und ...
Die Klasse wird zu einer Küche.
Das Zerkleinern des Obstes müssen die Kinder üben.
Alles andere ist aber einfach.

Unser Obstsalat-Rezept

- Bananen, Birnen
  oder anderes Obst
- Nüsse oder Mandeln
- Rosinen
- etwas Zitronensaft
  und Ahornsirup

Nino und Papa gehen einkaufen. Im Supermarkt wühlt Papa
plötzlich in seinen Taschen herum. Er schimpft: „Mist!
Ich habe den Einkaufszettel vergessen. Was brauchen wir denn
alles für eine Gemüsesuppe?"
Nino meint: „Ich glaube, für Gemüsesuppe brauchen wir vor allem
Gummibärchen und Bonbons."
Papa sagt: „Mal sehen, was Mama zu diesem Rezept sagen wird."

Niv. 2: Text und Rezept erlesen – Abbildung zum Rezept betrachten – zweite Textzeile entsprechend ergänzen –
Obstsalat in der Klasse herstellen
Niv. 3: Zusatztext erlesen – überlegen, wie ein Einkaufszettel für eine Gemüsesuppe wirklich aussehen könnte
Ü/ü → AH: 61 – AH-Fördern: 61 – SLG: 27 – HRU: 71, 72 – KV: 87, 88, 89, 90, 91 o.

79

Wunder des Alltags

Manchmal, da habe ich eine Angst.

Manchmal, da habe ich einen Zorn.

Manchmal, da habe ich eine Wut.

Manchmal, da habe ich keine Freude.

Manchmal, da habe ich kein Vertrauen.

Manchmal, da habe ich keinen Mut.

Aber manchmal,

da kommt plötzlich jemand

und fragt mich:

„Komm du, geht's dir nicht gut?"

Hans Manz

Paolas 22sekundenhändewaschgedicht

Nach dem Klo und vor dem Essen:

Händewaschen nicht vergessen.

Rein ins Haus – schon renn ich immer

schnur und stracks ins Badezimmer.

Erst das Wasser, dann die Seife – alle Finger rundherum.

Und die Daumen, das ist logisch – schließlich bin ich ja nicht dumm.

Hände innen, Hände außen – Seifenblasen-Blubberspiel.

Mehr als 20 Wasch-Sekunden? – DAS ist wirklich gar nicht viel!

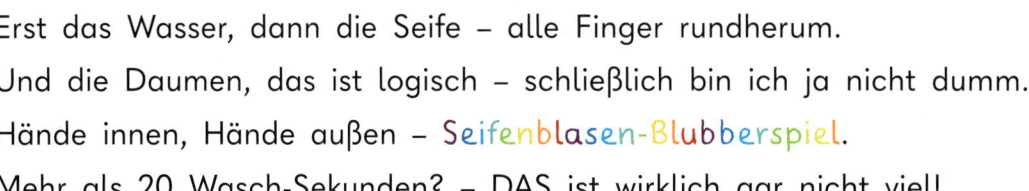

Wunder des Alltags: unbekannte Begriffe klären – über eigene Gefühle austauschen – darüber sprechen, wie man anderen helfen kann, wenn sie negative Gefühle haben (z. B. zuhören, umarmen, gemeinsam etwas unternehmen)
Paolas 22sekundenhändewaschgedicht: Gedicht erlesen – Notwendigkeit von Händewaschen/Körperpflege besprechen – Gedicht auswendig lernen – Zeit stoppen beim Aufsagen in moderatem Tempo

S. 147

Der Junge im Rock

Felix mag Röcke.

„Meine Beine bekommen viel Luft", sagt er immer.

Vor dem Kindergarten lässt Felix los.

Er rennt zum Gartentor, hinein in den Hof,

5 an seinen neuen Freunden vorbei ins Zimmer seiner Gruppe.

„Schaut nur, wie mein roter Rock sich dreht!"

Felix tanzt. Die Kinder lachen.

„Du siehst wie ein Mädchen aus!", rufen sie

und zeigen mit Fingern auf ihn.

10 „Echte Jungs ziehen Hosen an und

dunkle Farben.

So lassen wir dich nicht mehr mitspielen."

Warum dürfen Mädchen Hosen anziehen, aber Jungs keinen Rock?

Es muss doch egal sein, was ich anziehe, wenn es mir gefällt."

15 „Du hast recht, Felix", sagt Papa und nimmt ihn

fest in den Arm.

Felix flüstert: „Bitte hilf mir."

Da geht Papa mit Felix in die Stadt.

„Haben Sie einen langen Rock

20 in meiner Größe?", fragt Papa die Verkäuferin

und zwinkert Felix zu. ◇

Kerstin Brichzin

Der Junge im Rock (Buchauszug): Abbildungen anschauen, Vermutungen über den Textinhalt anstellen – Text abschnittsweise erlesen – Meinungen/Gefühle zum Thema artikulieren – Geschichtenausgang ausdenken / dazu frei schreiben – Buch besorgen – Wichtigkeit von Toleranz erarbeiten – Recherchen zu Männer- und Frauenkleidung in unterschiedlichen Kulturen durchführen
Lesefutterseiten „Das bin ich" → HRU: 111

S. 148

81

Wir erfinden Monsterwörter

Das ist meine ...

> Kann-...
>
> Kann-alles-...
>
> Kann-alles-riechen-...
>
> Kann-alles-riechen-Nase.

Sauerkrautsuppenlöffel

Das liebe ich über alles:

> Familien...
>
> Familienfest...
>
> Familienfestwochen...
>
> Familienfestwochenende

Passt alles?

> ▸ nett super toll doof prima klasse
> ▸ riechen hören tasten sehen brauchen
> ▸ Hand Knie Beine Körner Bauch Arm

Kapitelabschluss „Das bin ich": Überschrift erlesen – „Monsterwort" zur Nase mehrfach erlesen und immer schneller werden – analoge „Monsterwörter" erfinden (zu Augen, Mund, Ohren ...) – weitere „Monsterwörter" aufschreiben, dazu malen
Lesestrategiekasten: Zeilen einzeln erlesen – jeweils nicht passendes Wort identifizieren (doof, brauchen, Körner) und begründen
Jojo-Seite „Das bin ich" → HRU: 113 – KV: 91 u., 92

Weißt du immer, was du in deiner Freizeit tun kannst?

Der schönste Tag zum Nichtstun

Kapiteleinstieg „Freizeit": Buchvorstellung „Der schönste Tag zum Nichtstun": Bilder anschauen und beschreiben –
Kapitelüberschrift erlesen und Bezug herstellen – Buchtitel vorlesen (lassen) – passenden Buchauszug von Fibelseite 91 vorlesen
(lassen) oder Buch ausleihen – Vor-/Nachteile verplanter/unverplanter Freizeit besprechen – zu Jojos Frage malen / frei schreiben
Kinderbuchseite „Freizeit" → HRU: 20

Sch sch

Nach der Schule

Die Schule ist aus.

Nino und Nina sind schon fast an der Schultür.

Auf einmal ruft Nina:

„Nino, schau mal! Da ist eine Pinnwand.

Das sind schöne Freizeit-Tipps!

Wollen wir uns im Schwimmbad treffen?"

 „Nein, lass uns die Dinos im Museum anschauen!"

 „Nein, lass uns um die Wette schaukeln!"

 „Nein, lass uns Schiffe aus Müll basteln!"

Nina meint: „Schau nicht so komisch!"
Sie öffnet den Schulranzen und kramt darin herum.
Dann holt sie eine leere Flasche heraus.
Schnell wissen beide, was sie tun wollen:

 „Wir schreiben eine Flaschenpost!"

Niv. 1 und 2: jeweilige Textanteile (oben/unten) erlesen – Begriff Pinnwand ggf. klären – einzelne im Text erwähnte Aktivitäten auf der Pinnwand rechts suchen – über Pinnwandvorschläge austauschen – von eigenen Hobbys und Freizeitaktivitäten berichten – mögliche Lösungswege bei unterschiedlichen Meinungen zur Freizeitgestaltung überlegen

Freizeit-Tipps der Klasse 2b

klettern
schwimmen
schaukeln
inlineskaten
tanzen

Naturkunde-Museum
Dino-Schau
15.02. bis 15.05.

Im Fernsehen
SA ■ **8:50**
Schirin, das Schaf
SO ■ **11:30**
Schau dich schlau:
Plastik schadet
unserer Natur
▶ und in der Mediathek

Malen, Basteln …
- Schiffe basteln
- Fische malen
- eine Flaschenpost schreiben

LESEN
Bücher
Zeitschriften
Internet
Tablet
…

Nino möchte die Flaschenpost gerne nach Italien schicken.
Nina findet diese Idee klasse: „Au ja! Und dann lassen wir
die Flasche mit dem Brief durchs Meer schwimmen!"
Nino ruft: „Wir schreiben ihnen, dass wir in der Schule schon
ganz viel gelernt haben." Nina fragt:
„Hast du denn auch schon italienisch schreiben gelernt?"

Niv. 3: Formunterschiede bei den Buchstaben der verschiedenen Schriften auf der Pinnwand beschreiben –
eigene Freizeitvorschläge frei verschriften, gestalten und an eine (Klassen-)Pinnwand heften – Zusatztext erlesen
Sch/sch → AH: 62, 63 – AH-Fördern: 62, 63 – SLG: 28 – HRU: 73, 74 – KV: 93, 94, 95 – Diff.-Block: 57, 58

G g Simon gegen Andi

Simon und Andi gehen zur Wiese.
Dort holt Andi einen gelben Ball
aus seiner Tasche.

Simon ruft: „Das ist doch Tonis Ball!
Gestern hat Toni seinen Ball schon
überall gesucht!"
Andis Gesicht wird ganz rot.

Niv. 1: Abbildung betrachten und beschreiben – ggf. Abbildung *Mühle* klären – darüber spekulieren, warum Andi
rot wird (Andi ist ein sehr stiller Junge, fühlt sich ungerecht behandelt, weiß aber nicht, wie er sich wehren soll)

Andi beginnt zu weinen:
„Gar nicht! Das ist mein Ball!
Den hat mir mein Bruder gegeben.
Du kannst Nino fragen.
Der hat es genau gesehen!"

Gerade will Simon noch etwas sagen,
da kommt Toni angerannt.
Toni fragt:
„Was ist denn hier los?"
Simon sagt: „Ich glaube,
Andi hat deinen Ball genommen."

„Kann nicht sein, mein Ball ist doch grün.
Hier, siehst du?
Meine Schwester hatte ihn versteckt.
Ich habe ihn unter ihrem Bett gefunden."

Jetzt wird Simon ganz rot.
Er sagt: „Oh, tut mir leid, Andi!
Das war gemein von mir. Entschuldigung!"

Niv. 2: Konflikt beschreiben – über Simons voreiligen Verdacht austauschen – überlegen, warum man
manchmal errötet (z. B. wenn man lügt, Angst hat, sich schämt) und diese Gefühle Andi und Simon zuordnen –
Niv. 3: Zusatztext erlesen – Szene und verschiedene alternative Gesprächsverläufe im Rollenspiel erproben
G/g → AH: 64, 65 plus 66 – AH-Fördern: 64, 65 plus 66 – SLG: 29 – HRU: 75, 76 – KV: 96, 97, 98 – Diff.-Block: 59, 60

Ä ä

Augen-Rätsel

Nino hat Paola und Nina
sein Rätsel-Buch geliehen.
Nun blättern die Mädchen
wild darin herum.

Nino würde gerne mitraten.
Er tippt Paolas Ärmel an und fragt:
„Lässt du mich bitte auch hineinschauen?"
Paola grinst: „Nö, warum?"

Was ist das?

Niv. 1: über die Bedeutung des Begriffs *Augen-Rätsel* austauschen – andere Rätselformen benennen – Rätsel unten lösen, dabei Lösungsvorschläge der Kinder begründen lassen (Giraffe – Frosch – Zebra)

Nino lächelt:

„Ganz einfach: Weil ich nämlich älter bin als du!"

Paola kichert und sagt: „Na gut, du alter Bruder."

Dann gibt sie Nino das Rätsel-Buch.

Die Kinder rutschen näher zusammen.

Nino zeigt den Mädchen eine Seite:

„Hiermit präsentiere ich
das Augen-Rätsel,
das mir am besten gefällt!
Schaut genau hin:
Sind diese Linien schräg
oder gerade?"

Ratestunde in der Klasse! Nino fragt:

„Was ist das? Es hat ein rotes, ein gelbes und ein grünes Auge."

„Die ʃǝdɯⱯ", ruft Ina.

Nun ist sie dran: „Es ist bunt und ich habe es daheim vergessen."

Alle überlegen. „Buntstifte?" „Dein Turnbeutel?"

Die Tür geht auf. Inas Papa winkt mit einer bunten Dose.

Ina freut sich: „Juhu, mein Frühstück! Papa hat das Rätsel gelöst."

Niv. 2: in Partnerarbeit die Linien mit dem Lineal überprüfen (sie sind alle gerade) – Rätselbücher mitbringen –
optische Täuschungen im Internet anschauen
Niv. 3: Zusatztext lesen – eigene Rätselfragen nach diesem Muster ausdenken und die anderen raten lassen
Ä/ä → AH: 67 – AH-Fördern: 67 – SLG: 30 – HRU: 77, 78 – KV: 99, 100, 101, 102 o.

Spiele aus anderen Ländern

Kaipsak – ein Spiel aus Grönland*

Setzt euch im Kreis auf einen glatten Boden.
Legt eine leere Flasche in die Mitte.
Ein Kind geht in die Mitte und dreht
die Flasche mit Schwung um sich selbst.
Dann rennt es schnell aus dem Kreis heraus,
außen um den Sitzkreis herum und setzt sich
wieder hin.

Jedes Kind versucht, eine ganze Runde zu schaffen,
bevor die Flasche aufhört, sich zu drehen.

*Grönland liegt fast am Nordpol!

Zieh den Stuhl an – ein Spiel aus Panama**

Setzt euch im Kreis um zwei Stühle herum.
Jedes Kind legt einen Schuh in die Mitte.
Man braucht dafür mindestens acht Schuhe.
Zwei Kinder bekommen die Augen verbunden.

Bei „Los!" versuchen sie,
vier Schuhe zu finden und sie
den Stuhlbeinen anzuziehen.
Dann noch schnell auf den Stuhl setzen!
Gewonnen!

**Panama liegt in Mittelamerika.
Es grenzt an zwei große Ozeane.

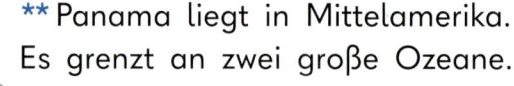

Kinderspiele aus anderen Ländern: Spielanleitungen erlesen, mit bekannten Spielen vergleichen – Kinder von Spielen aus ihren Herkunftsländern berichten lassen – Spiele durchführen – benannte Länder, angrenzende Meere und Pole auf einem Globus oder einer Weltkarte suchen

S. 148

Der schönste Tag zum Nichtstun

An diesem Morgen ist Roberta früh wach.
Es ist Samstag, da ist keine Kita.
Auch keine Musikschule und kein Malraum.

Mit Mama hat sie schon gestern ihre neuen Turnschuhe gekauft,
5 mit Papa ihr Zimmer aufgeräumt.
Zu Besuch kommt keiner. Zu jemandem hin muss sie auch nicht.
Und sie weiß ganz genau, was sie heute machen will.
Nichts. Gar nichts! Sie fängt auch sofort an damit.

Roberta soll mit in den Garten. „Spiel doch ein bisschen im Sandkasten",
10 sagt Papa. Aber Roberta legt sich lieber in den Sand.
Über den Himmel zieht ein Flugzeug, vielleicht auf dem Weg
zu einer Insel mit Sandstrand und Palmen oder zu einem Dschungel.

Am Anfang finden Mama, Papa und Laurenz das mit dem Nichtstun gar
nicht so einfach. Aber Roberta gibt ihnen Tipps und dann wird es besser.
15 Mama seufzt: „Wie schön!" Sogar Laurenz hört auf zu maulen.
Er findet einen Grashalm und spielt darauf ein Quietschkonzert.

Keiner sagt mehr etwas und Roberta
überlegt, ob sie das wohl auch hinkriegt
mit dem Quietschen.
20 Sie muss es dringend mal ausprobieren.
Gleich morgen, am Sonntag. ◈

Nikola Huppertz

Der schönste Tag zum Nichtstun (Buchauszug): Text erlesen, Kapiteleinstiegsseite 83 erneut anschauen – zu eigenen Erfahrungen
zum Thema Freizeit erzählen – über Vor- und Nachteile verplanter und unverplanter Freizeit austauschen – Gedankenreise mit
geschlossenen Augen durchführen – Buch besorgen
Lesefutterseiten „Freizeit" → HRU: 111

91

Freizeit-Gedichte

Die Giraffen küssen Affen.

Schreibe einen kurzen Reim.
Male ein lustiges Bild dazu.

Der Fisch tanzt auf dem …

Der Geier brät sich …

Der Schwamm frisst einen …

💡 **Freizeit-Wörter**

schw mm n	m l n	kl tt rn
l s n	t rn n	f rns h n
b st ln	sch k ln	t nz n

Kapitelabschluss „Freizeit": Reime und Sprechblase erlesen – unvollständige Reime ergänzen, diese oder eigene analoge Reime aufschreiben und dazu malen – **Lesestrategiekasten:** Überschrift und Wortruinen erlesen – fehlende Silbenkönige Wort für Wort mündlich ergänzen – Silben schwingen – Wörter richtig ins Heft schreiben – kontrollieren
Jojo-Seite „Freizeit" → HRU: 114 – KV: 102 u., 103

Im Frühling

Was kannst du im Frühling alles entdecken?

Kapiteleinstieg „Im Frühling": Buchvorstellung „Finn und Frieda finden den Frühling": Bilder beschreiben, Entdeckungen
der Figuren benennen (Igel, Krokus, Vogel) – über Jojos Frage austauschen, dazu etwas malen oder frei schreiben – Buch besorgen
Kinderbuchseite „Im Frühling" → HRU: 20

93

An der alten Mühle

Die Kinder sind an der alten Mühle.

Es ist schon sehr warm.

Ina fährt mit Toni über die Wiese.

Nino ruft: „Oh, hier blüht schon alles!"

Ina kennt sich gut aus:

„Die gelben Blumen sind Narzissen.

Seht ihr auch die Tulpen?"

Niv. 1: das „stumme -h" (oder „Geister-h") mit einigen Wörtern (z. B. *Mühle, Zahn, fahren*) an der Tafel einführen –
feststellen, dass der Silbenkönig vor dem stummen -h immer lang klingt –
Abbildung beschreiben, Bildelemente benennen (ggf. Begriff *Mühle* klären) – Aussehen von Narzisse und Tulpe vergleichen

Toni sagt: „Das sind alles Frühblüher.
Und dort blüht auch schon ein Löwenzahn.
Den frisst unser Huhn Marta sehr gern."

Nino ruft dazwischen: „Sieh mal, Ina. Hinter dem Zaun ist
eine Kuh!"
Ina meint: „Die kenne ich. Ihr Name ist Allegra."
Nino lacht: „Ehrlich? So nennt man auf Italienisch
die Fröhliche. Diese Allegra sieht wirklich sehr fröhlich aus!"

Nina hat neben den Büschen am Zaun Müll entdeckt.
Sie schüttelt sich und ruft: „Iiiih, ist das eklig!
Wieso nehmen die Leute ihre Dosen und Plastikflaschen nicht
wieder mit nach Hause? Eine Wiese ist doch kein Mülleimer!"
Toni schlägt vor:
„Wir sammeln den Müll ein und nehmen ihn mit!"

Niv. 2: den Begriff *Frühblüher* klären – ggf. Begriff *die Fröhliche* in anderen Sprachen nennen lassen –
Niv. 3: über Müllentsorgung in der Natur, Mülltrennung, Müllvermeidung austauschen
-h → AH: 68, 69 *plus* 70 – AH-Fördern: 68, 69 *plus* 70 – SLG: 31 – HRU: 79, 80 – KV: 104, 105, 106

J j   Die schönste Zeit im Jahr

Endlich scheint die Sonne!
Nina und Jojo besuchen Nino
im Garten.

Ninos kleiner Bruder Jonas
löffelt einen Joghurt.
Opa liest. Es ist sehr ruhig.
Alle fühlen sich wohl.

Nur Paola jammert.
Sie wollte ja lieber ins Kino.
Nino will sie trösten:
„Wollen wir zusammen mit dem Jo-Jo üben?"

Niv. 1: Überschrift erlesen – Besonderheiten des Frühjahrs sammeln – über unterschiedliche Bedürfnisse
innerhalb einer Gruppe austauschen (hier: Ruhebedürfnis und Entspannung versus Paolas Interesse und Stimmung)

Paola ruft:
„Was? Warum denn üben?
Das kann doch jeder!"

Sie schnappt sich Ninos Jo-Jo
und rennt einfach damit weg.
Nina und Jojo jagen
sofort hinter ihr her.

Paola ist wirklich frech!
Sie jubelt: „Juhu, ich bin schneller als ihr!"
Opa meint: „Ja, ja, das Frühjahr ist
die schönste und ruhigste Zeit im Jahr."

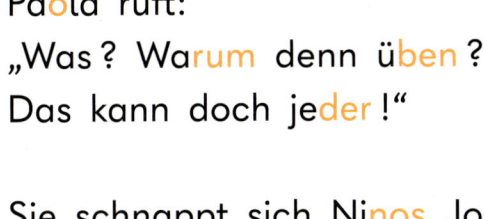

Nina erzählt Opa, warum ihr Hund Jojo heißt:
„Als Jojo zu uns kam, wollte er Leon immer küssen.
Jojo sprang an Leon hoch. Doch Leon war viel zu groß für ihn.
Jojo kam nur bis zu Leons Bauchnabel und fiel zurück
auf den Boden. Aber er probierte es wieder und wieder:
hoch und runter, hoch und runter ... wie ein Jo-Jo eben."

Niv. 2: Ironie in Opas Aussage erkennen und benennen
Niv. 3: Hundenamen *Jojo* mit dem Spielzeug *Jo-Jo* vergleichen – andere Teekesselwörter suchen (z. B. *Blatt, Decke, Pony*)
J/j → AH: 71 – AH-Fördern: 71 – SLG: 32 – HRU: 81, 82 – KV: 107, 108, 109, 110 – Diff.-Block: 61, 62

97

Osterbräuche rund um die Welt

Wie wir in Deutschland Ostern feiern, ist ja klar:
Der Osterhase versteckt bunte Eier im Garten oder in der Wohnung –
und wir dürfen sie suchen. Okay, dass ein Hase Eier bringt,
ist ein bisschen seltsam. Aber, was soll's?
In anderen Ländern gibt es zu Ostern auch besondere Bräuche:

Guatemala

In Guatemala werden auf manchen Straßen
riesige bunte Osterteppiche ausgelegt.
Diese Osterteppiche bestehen aus Blumen,
Früchten, Sand und anderen Materialien.

Ukraine

In der Ukraine wird zu Ostern häufig
ein Paska-Brot gebacken. Dafür gibt es viele
unterschiedliche Rezepte.
Aber die meisten Kinder mögen am liebsten
ein Paska-Brot mit bunt verziertem Zuckerguss.

Australien

In Australien bringt der Oster-Bilby
die Ostereier zu den Kindern.
Der ist zwar kleiner als ein Hase,
aber dafür hat er einen Beutel am Bauch.
Wie ein Känguru. Sehr praktisch!

Osterbräuche rund um die Welt: Abschnitte nach und nach erlesen – Bilder dazu beschreiben – über die hier beschriebenen und den Kindern bekannte Osterbräuche austauschen – weitere im Internet recherchieren – benannte Länder auf einem Globus oder einer Weltkarte suchen – bunten „Osterteppich" malen

Ostereier-Leporello

Du brauchst:

- einen Streifen weißes Papier (25 bis 40 cm lang)
- eine Schere, Klebstoff, bunte Filzstifte
- wenn du magst: Schmuckband, kleine Klebebildchen, Lackmalstifte

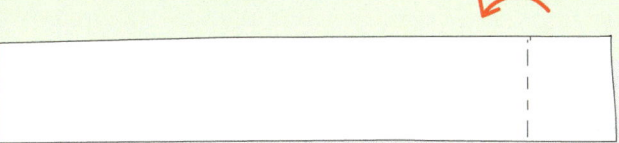   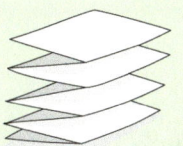

1. Falte den Papierstreifen an einem Ende etwa 5 cm um.

2. Falte dann den ganzen Streifen 4- bis 7-mal im Zickzack.

   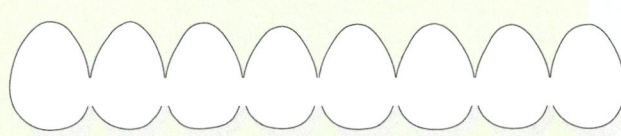

3. Male eine Eierform auf. Schneide sie nur an den hier rot markierten Stellen aus.

4. Falte nun das Eier-Leporello auseinander. Bemale und beklebe es, wie es dir gefällt.

Zum Muttertag,

sag ich dir, dass ich dich mag,
sag ich dir, dass ich dich brauch.

Und den Papa auch!

Georg Bydlinski

Ostereier-Leporello: Leporello-Abbildung beschreiben – Bastelschritte erlesen und Abbildungen dazu beachten – mithilfe der KV 123 die Bastelanleitung durchführen
Zum Muttertag: Gedicht erlesen, auswendig lernen – eigene Karte mit Gedicht gestalten (malen, kleben, stempeln)
Lesefutterseiten „Im Frühling" → HRU: 111

S. 148

99

Wir basteln ein Amselnest

Du brauchst:

hellblaues und grünes Tonpapier,
Karton, eine Schere, Kleber,
Filzer in Gelb, Schwarz und Braun,
braunes oder gelbes Bastelgras

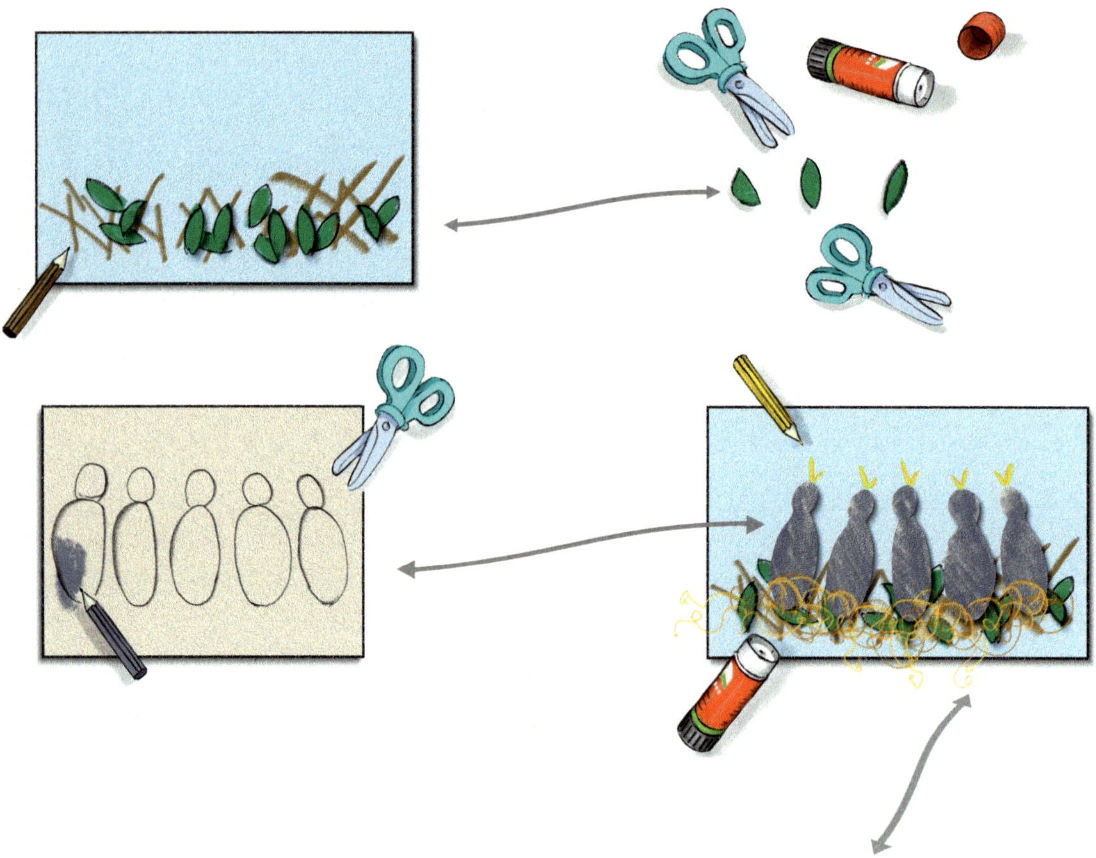

Tonpapier   Amselnest   Bastelgras

Kapitelabschluss „Im Frühling": Überschrift erlesen und Abbildung daneben beschreiben – dargestellte Materialien benennen –
bebilderte Bastelanleitung ausformulieren – Bastelmaterial besorgen und Bastelanleitung umsetzen
Lesestrategiekasten: Wortruinen erlesen (Begriffe alle auch im Text oben) – Wörter richtig ins Heft schreiben – kontrollieren
Jojo-Seite „Im Frühling" → HRU: 114 – KV: 111

Welche Theater-Rolle möchtest du gerne einmal spielen?

Kapiteleinstieg „So ein Theater": Buchvorstellung „Kindertheater fürs ganze Jahr": Bilder beschreiben, Verkleidungen der Kinder benennen – über Jojos Frage austauschen – Rollenspiel/Theaterstück planen und umsetzen, z. B. zu den Fibelseiten 102/103 bzw. 104/105, oder Buch besorgen und eines der Spielstücke daraus aussuchen
Kinderbuchseite „So ein Theater!" → HRU: 20

101

Sp sp   Wir spielen Theater

Eines Tages spaziert eine kleine Rennmaus
zu den Tieren in der Wüste.
Die Maus fragt: „Wo finde ich bitte den Löwen?"

Die Tiere sperren ihre Augen weit auf.
Die Giraffe lacht: „Spinnst du?
Der ist doch gefährlich!"

Dann sprechen alle durcheinander.

Das Zebra brüllt: „Willst du etwa mit dem Löwen spielen?"
Der Geier kräht: „Na, das ist ja spannend!"
Die Spinne sagt: „Der Löwe brüllt immer bis spät nachts!"
Der Affe flüstert: „Sicher gehörst du auf seinen Speiseplan!"
Das Nashorn ruft: „Jaaa, genau, der ist total gefährlich!"

Niv. 1: Lautung des Graphems ermitteln – Abbildung beschreiben und oberen Absatz des Textes erlesen
Niv. 2: unteren Absatz des Textes erlesen, über den Plan der Maus und die Reaktion der Tiere austauschen –
Text erneut lesen und dabei unterschiedliche Intonation (brüllen, krähen, flüstern ...) beachten
Sp/sp → AH: 72, 73 – AH-Fördern: 72, 73 – SLG: 33 – HRU: 83 – KV: 112, 113, 114 – Diff.-Block: 63

Die Maus sagt: „Starrt mich nicht so an!
Keine Sorge. Ich störe nicht weiter."
Sie dreht sich um und folgt stumm
den Spuren des Löwen im Sand.
Die Tiere staunen über die Maus.

An einem Strauch
bleibt die Maus stehen.
Dort stöhnt der Löwe: „Alle laufen weg, weil ich brülle.
Ich habe doch nur Zahnschmerzen!"
Die Maus sagt: „Ich helfe dir!" Sie steigt in sein Maul
und zieht den Zahn mit aller Kraft heraus.
Der Löwe strahlt: „Nun ..."

Nina sagt: „Lisa hat wie ein richtiger Löwe gebrüllt. Klar, dass die
anderen Tiere Angst hatten." Noa meint: „Damit man die Angst
sieht, habe ich ganz doll gezittert." „Ich habe mich klein gemacht",
sagt Ina.
Nino ergänzt: „Ich habe das Gesicht verzogen, wie bei einem
Riesen-Schreck."
„Aber Lara hat ruhig und höflich gesprochen", findet Lisa.
„Da hat man gleich gemerkt, dass sie eine tapfere Maus spielt."

Niv. 1: Lautung des Graphems ermitteln – Text erlesen – **Niv. 2**: über das Missverständnis austauschen – Gerüchte und deren
ungeprüfte Weitergabe thematisieren – Überschrift und Schluss zum Spielstück ausdenken – Text mit verteilten Rollen lesen oder
als Theaterstück einstudieren – **Niv. 3**: Intonation, Mimik und Körpersprache zu verschiedenen Gefühlen erproben
St/st → AH: 74, 75 – AH-Fördern: 74, 75 – SLG: 34 – HRU: 84 – KV: 115, 116, 117 – Diff.-Block: 64

103

ck

Picknick auf der Brücke

Die Tiere machen Picknick
auf einer Brücke.
Manche schlecken ein Eis.
Andere kleckern mit Limonade.

Auf einmal steht der dicke Elefant auf
und rennt los. Die ganze Brücke wackelt.

„Was hast du denn?"

„Die Brücke knackt! Runter hier!"

„Hat dich eine Mücke gestochen?"

„Nein, die Brücke bricht! Lauf!"

Niv. 1: -ck-Lautung ermitteln, anhand einiger Beispiele erarbeiten, dass der Silbenkönig vor einem -ck- immer kurz klingt –
Abbildung beschreiben, Namen der Tiere auf der Brücke von rechts nach links benennen – Text erlesen – Reihenfolge der Dialoge
besprechen/nachvollziehen – darüber austauschen, dass jedes Tier einfach ungeprüft weitergibt, was ein anderes behauptet hat

Das Zebra nimmt die Schnecke huckepack.
Und ein Tier nach dem anderen rennt zurück in den Urwald.
Bis auf einmal jemand ruft:

„Stopp!
Spinnt ihr?"

„Wir haben es alle
gehört! Die Brücke
knackt!"

Knack
Knack
Knack

Die Tiere gucken zurück
zur Brücke. Aber das Knacken
kommt aus der Palme.
Wer steckt denn darin?

„Du hast uns reingelegt!", schimpft die Giraffe.
Alle Tiere sind sauer auf den Elefanten. Der Elefant schämt sich.
Er fängt an zu stottern: „Aber ... aber ich wollte doch bloß ..."
Da kichert es oben in der Palme. Jemand ruft:
„Selbst schuld, wenn ihr alles glaubt, was man euch erzählt!"

Niv. 2: evtl. Dialoge zu Schnecke/Löwe/Antilope/Hase erfinden – über das Missverständnis austauschen
Niv. 3: Umgang mit nicht verifizierten Aussagen vertiefen – Text mit verteilten Rollen lesen oder als Theaterstück aufführen
ck → AH: 76, 77 – AH-Fördern: 76, 77 – SLG: 35 – HRU: 85, 86 – KV: 118, 119, 120, 121 – Diff.-Block: 65, 66

Pantomime

Theater kann man auch spielen, ganz ohne zu sprechen.

Jemand, der so Theater spielt, heißt Pantomime oder Pantomimin.

Pantomimen erzählen nur mit ihrem Gesichtsausdruck und ihrem Körper

ganze Geschichten.

Oben siehst du den Pantomimen „Herrn Kasimir".

Was er uns wohl erzählen will?

So stellst du Gefühle mit deinem Körper dar

Welches Bild passt zu welchem Gefühl?

A   So sieht jemand aus, der traurig ist.

B   Diese Körperhaltung hat man oft, wenn man sich freut.

C   So sieht man aus, wenn man über etwas nachdenkt.

Welche Gefühle kannst du noch gut mit dem Körper darstellen?

Pantomime: Text erlesen – unbekannte Begriffe klären – über die Darstellung des Pantomimen spekulieren: Er will telefonieren, hört nichts, dann isst er die Banane (auch andere Interpretationen zulassen) – Homepage von *Herrn Kasimir* besuchen
So stellst du Gefühle mit deinem Körper dar: Körperhaltungen beschreiben und den Auswahlsätzen zuordnen – weitere Gefühle benennen und pantomimisch umsetzen

S. 148

Detektivin Buon Naso löst ihren ersten Fall

Einer Dame wurde auf einem Dorffest ein Buch gestohlen.
Um 20:37 Uhr trifft Detektivin Buon Naso ein. Sie befragt die Gäste:
„Ich werde herausfinden, wer dieses rote Buch
gestohlen hat! Wo waren Sie alle um 17:23 Uhr?"

Das Sams kichert
albern herum und sagt:
„Ich kann noch gar nicht lesen.
Deshalb klaue ich keine Bücher."
Alle anderen pfeifen und rufen:
„Du hast mit der Dame getanzt!"

Pippi grinst frech und meint:
„Ich habe gerade zehn Kilo
Torte verspeist. Da klaue ich
doch kein Märchenbuch!"
Die anderen fragen Pippi:
„Bist du deshalb so blass?"

Der kleine Vampir krächzt:
„Um diese Uhrzeit war es doch
noch hell. Ich arbeite nur nachts!"
Alle anderen schreien wütend:
„Wer Blut mag, muss böse sein!"

Räuber Hotzenplotz
sagt zuletzt aus:
„Gestern habe ich erst
eine Kaffeemühle geklaut.
Heute ist mein freier Tag."

Bevor die anderen etwas rufen können,
brüllt Detektivin Buon Naso:
„Ruhe jetzt! Ich habe den Fall schon gelöst!"
Die anderen staunen mit offenen Mündern:
„Wie hast du das denn geschafft?"

NUR DIE DIEBIN KANN WISSEN, DASS ES EIN MÄRCHENBUCH IST

Detektivin Buon Naso löst ihren ersten Fall: Überschrift erlesen – Bedeutung des Namens ermitteln (italienisch: *Gute Nase*) – Text mit verteilten Rollen lesen – unbekannte Begriffe klären – Kinderbuchfiguren den Fibelfiguren zuordnen – Lösung des Falls anhand der rudimentären gelben Zeile unten ermitteln *(Paola = Pippi)* – Stück mit verteilten Rollen spielen
Lesefutterseiten „So ein Theater!" → HRU: 111

Wir stellen Tiermasken her

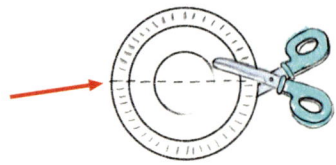

Pappteller halbieren

ans Gesicht halten –
Kreise für die Augen aufmalen

die Kreise für die Augen
und einen Halbkreis
für die Nase ausschneiden

Maske auf beiden Seiten unten
lochen – anmalen, zum Beispiel
braun für eine Hasenmaske

Ohren aus Tonpapier ankleben –
zwei Kordeln oder ein Gummiband
durch die unteren Löcher knoten

Elefanten-	streifen
Löwen-	rüssel
Zebra-	fühler
Schnecken-	mähne

Kapitelabschluss „So ein Theater!": Anleitung Schritt für Schritt erlesen, unbekannte Begriffe klären und den Abbildungen zuordnen – Bastelanleitung mithilfe der Kopiervorlagen 116, 117 durchführen
Lesestrategiekasten: Wortteile einzeln erlesen – richtige Wörter und Fantasiewörter zusammenfügen – Wörter aufschreiben/malen
Jojo-Seite „So ein Theater!" → HRU: 114 – KV: 122

Natur entdecken

Wie kannst du
der Natur helfen?

Wie Tiere & Pflanzen
Ilka Sokolowski
Miteinander
in der
Natur
gemeinsam leben

Kapiteleinstieg „Natur entdecken": zu den Fotos erzählen – abgebildete Tiere benennen (Meise, Maulwurf, Ameisen) und Kenntnisse über sie austauschen – **Buchvorstellung: „Miteinander in der Natur":** Vermutungen zum Inhalt des Buches anstellen (wichtige Lebensgemeinschaften) – Buch besorgen – Vorschläge zum behutsamen Umgang mit der Natur benennen/sammeln **Kinderbuchseite „Natur entdecken"** → HRU: 20

109

Pf pf   Sommer im Topf

Die Kinder wollen Blumensamen aussäen.
Ninas Mutter hat einen Sack Blumenerde
und Samen gekauft.
Jojo ist sehr aufgeregt.
Er hüpft mit seinen Pfoten gegen einen Topf.

Paola zieht Nina am Zopf:
„Wo sind die Pflanzen?"
Nina ruft: „Autsch!
Die gibt es doch noch gar nicht!"

Niv. 1: Text erlesen und ggf. über eigene Erfahrungen mit dem Aussäen von Samen berichten –
Blumen auf dem Foto rechts beschreiben – eine Blumenwiese malen

Nino schüttelt den Kopf. Er erklärt Paola:
„Pass auf! Zuerst säen wir diese Blumensamen
im Topf aus. Danach pflegen wir die Saat gut.
Im Sommer blühen dann schöne Wildblumen im Topf.
Naja, jedenfalls, wenn Jojo sie in Ruhe lässt."

Ninas Mutter ergänzt: „Die Samen keimen. Dann werden
kleine Pflanzen daraus. Bis dahin brauchen wir etwas Geduld."

Mama erklärt den Kindern: „Wildblumen kann man
im Topf und natürlich in jedem kleinen Garten aussäen.
Draußen brauchen sie auch keine Pflege.
Sie wachsen einfach wild und bunt durcheinander.
Und die Bienen freuen sich sehr darüber!"

Niv. 2: Text erlesen – Begriffe *Saat* und *keimen* klären – überlegen, warum die Überschrift „Sommer im Topf" heißt –
Niv. 3: darüber spekulieren, warum sich Bienen über Wildblumen/Blumen „freuen", warum Bienen wichtig sind
Pf/pf → AH: 78 – AH-Fördern: 78 – SLG: 36 – HRU: 87, 88 – KV: 123, 124, 125

So säen wir Samen aus

Mama wartet am Tisch.

Nina und Nino hüpfen

mit einem Satz an ihren Platz.

Sie sind aufgeregt.

Blitzschnell kommt auch Paola dazu.

Mama erklärt:

„Füllt den Topf zuerst
mit Blumenerde.
Drückt sie gut fest.

Steckt jetzt
einige Blumensamen
in die Erde.

Drückt zuletzt wieder
etwas Erde darüber fest."

Niv. 1: Lautung erarbeiten – erarbeiten, dass das -tz- nie am Wortanfang stehen kann und der Silbenkönig vor einem -tz-
immer kurz klingt – Überschrift erlesen, Bilder dazu beschreiben – in der Klasse Blumen- oder Kressesamen aussäen –
ein Tagebuch zur Beobachtung des Wachstums anlegen und kontinuierlich führen (evtl. täglich mit Fotos dokumentieren)

„Gebt der Erde ab und zu
etwas Wasser.
Aber nur, wenn sie trocken ist.
Zu nasse Erde ist nutzlos.

Wildblumen brauchen Licht.
Sie mögen aber keine Hitze."

Plötzlich huscht Jojo
wie ein Blitz durch den Garten.
Er rast in die Blumenerde.

Mama pfeift ihn zurück: „Jojo! Das ist
nicht witzig! Du machst alles schmutzig!
Nimm deine Pfoten weg, du Dreckspatz!"

Nino fragt: „Opa, können wir im Garten Wildblumen aussäen?"
Opa runzelt die Stirn. „Wildblumen? Das ist doch Unkraut."
Nino widerspricht: „Bienen, Hummeln und Schmetterlinge lieben
Wildblumen, weil sie sich von ihrem süßen Nektar ernähren können."

„Da hast du natürlich recht!", sagt Opa. „Morgen kaufen wir Samen."
„Die Insekten sollen es sich in unserem Garten schmecken lassen."

Niv. 2: darüber spekulieren, was mit Pflanzen passiert, wenn sie zu viel/wenig Wasser oder Licht bekommen
Niv. 3: erarbeiten, dass Bienen andere Pflanzen mit Pollen bestäuben und dadurch das Überleben von Pflanzenarten sichern –
über Möglichkeiten des Wiesenschutzes austauschen – eine Naturschutzorganisation und ihre Aufgaben kennenlernen
tz → AH: 79 – AH-Fördern. 79 – SLG. 37 – I IRU: 89, 90 – KV: 126, 127, 128 – Diff.-Block: 67

Können Knöpfe wachsen?

Die Klasse ist in sechs Gruppen aufgeteilt.

Jede Gruppe hat einen Zettel mit Blumennamen.

Frau Löber sagt: „Diese Blumen wachsen auf Wiesen."

Die Kinder wechseln sich beim Lesen ab.

Aber was sind das denn für witzige Namen?

Käsepappel

Ochsenauge

Wiesenknopf

Niv. 1: Lautung erarbeiten – alle -chs- zuerst im Text suchen und erarbeiten, dass das -chs- in vielen Wörtern silbisch getrennt wird – erarbeiten, dass das -chs- nie am Wortanfang stehen kann und der Silbenkönig vor einem -chs- immer kurz klingt – über die ungewöhnlichen Blumennamen austauschen

Am nächsten Tag sollen die Kinder
die Blumen auf einer Wiese suchen.
Zuerst albern alle nur herum:

Toni sagt: „Hi, hi, ein Ochsenauge.
              Ob es auch eine Fuchsnase gibt?"

Nino lacht: „Wie bitte? Käsepappel?
              Eine Pappel ist doch ein Baum!"

Nina ruft: „Ich habe einen Wiesenknopf!
              Oh, dann können Knöpfe also wachsen!"

Am Rand von Wegen und Straßen wächst eine blaue Blume,
die Wegwarte. Eine Sage erklärt, wie sie zu ihrem Namen kam:
Ein Ritter zog in den Krieg. Traurig blieb seine Braut am Wegesrand
zurück und wartete. Doch der Ritter kam nicht wieder.
Die Braut gab aber die Hoffnung nicht auf.
Sie blieb stehen und wartete und wartete. Nach vielen Jahren schlug
sie Wurzeln und wurde zu einer Blume, der Wegwarte.

Niv. 2: Blumennamen dem jeweiligen weiteren Namen im Arbeitsheft zuordnen –
weitere witzige Komposita aus den vorgegebenen Wortteilen bilden (z. B. *Käseknopf, Wiesenauge*)
Niv. 3: Sagen-Text erlesen und die Herkunft des Namens *Wegwarte* nachvollziehen
chs → AH: 80 *plus* 81 – AH-Fördern: 80 *plus* 81 – SLG: 38 – HRU: 91, 92 – KV: 129, 130, 131 – Diff.-Block 68

V v Nur einer von vielen Namen

Frau Löber schlägt den Kindern vor:
„Sucht zuerst die Pflanzen, die ihr kennt.
Vielleicht beginnt ihr mit der Kuhblume."

Verena hebt vorsichtig ihre Hand:
„Aber die kenne ich auch nicht."
Simon fragt:
„Ist das die Blume aus der Vase
in unserem Klassenraum?"

Niv. 1: unterschiedliche Lautungen des V/v erarbeiten – besprechen, unter welchen Namen die Kuhblume (Fotos rechts) den Kindern evtl. schon bekannt ist

Andi versucht sich zu erinnern.
Er sagt: „Nein, die Blume in unserer Klasse ist violett.
Die Kuhblume hat gelbe Blüten."

Plötzlich grinst Andi und beginnt zu lachen.
Verena fragt: „Was ist denn mit dir los?"
Andi antwortet:
„Die Kuhblume hat viele verschiedene Namen.
Manche sind sehr lustig! Ich kenne vier davon,
aber die verrate ich nicht!"

Die Kinder werden total neugierig: „Verrate uns die Namen, Andi!"
„Na gut. Die Blätter sehen aus wie die Zähne eines Raubtiers.
Also ist es ein ..." Verena ruft dazwischen: „... Löwenzahn!" „Genau!"
Andi erzählt weiter: „Die Samen kann man davonpusten."
Simon hat eine Idee: „Na klar ... Pusteblume!" „Richtig", sagt Andi,
„aber hier ist der lustigste Name: Wer die Blätter isst oder Tee davon
trinkt, muss oft pinkeln. Deshalb heißt die Blume auch Pissblume."

Niv. 2: Fotos zum Löwenzahn in seinen verschiedenen Entwicklungsstadien/Blütenständen beschreiben –
weitere Namen der Kuhblume recherchieren (z. B. Löwenzahn, Pusteblume, Milchkraut) – über Namensherkunft spekulieren
Niv. 3: Text vorlesen und mit den Spekulationen abgleichen – weitere Informationen zum Löwenzahn sammeln
V/v → AH: 82, 83 – AH-Fördern: 82, 83 – SLG: 39 – HRU: 93, 94 – KV: 132, 133, 134, 135 – Diff.-Block 69, 70

Ein Pflanzen-Rätsel

Wunderbar
stand er da im Silberhaar.

Aber eine Dame,
Annette war ihr Name,
machte ihre Backen dick,
machte ihre Lippen spitz,
blies einmal, blies mit Macht,
blies ihm fort die ganze Pracht.

Und er blieb am Platze
zurück mit einer Glatze.

Josef Guggenmos

Paul Cézanne: Wald

Das Bild von diesem Wald
hat der französische Maler
Paul Cézanne vor über hundert
Jahren gemalt.
Er benutzte dafür nur wenige
Farben. Für Licht und Schatten
hat er viele helle und dunkle
Flächen nebeneinandergesetzt.
Wie das leuchtet!

Ein Pflanzen-Rätsel: unbekannte Begriffe klären – Abbildung betrachten und Pflanzennamen benennen –
Gedicht auswendig lernen und/oder pantomimisch darstellen lassen
Paul Cézanne, „Wald": Gemälde beschreiben – verwendete Farben benennen – Kontraste zwischen hellen und dunklen Farbflächen
thematisieren – ein Waldbild mit Lichteinfall in diesen Farben malen (helle Bildanteile zuerst, dunkle darübersetzen)

Wiesen und Wälder

Wiesen und Wälder sind für Tiere und Menschen lebenswichtig.
Deshalb müssen wir sie gut schützen!

Wiesen und Wälder sind
der Lebensraum für viele Tiere.
Sie bieten kleinen Tieren
Schutz. Und Vögel finden dort
Platz zum Brüten.

In den vielen Wiesenblumen
finden Bienen und andere Tiere
ihr Futter.

Tiere und Pflanzen leben in
Wiesen und Wäldern zusammen
wie in einer großen Familie.

Was würde passieren,
wenn wir keine Wälder und
Wiesen mehr hätten?

Wiesen und Wälder: unbekannte Begriffe klären – weitere Ideen zum Leben im Einklang
mit der Natur sammeln – ein Klassen-Plakat zum Thema erstellen – zu Ninas Frage spekulieren
Lesefutterseiten „Natur entdecken" → HRU: 112

S. 149

119

Wildblumen-Karten

Bastle schöne Karten mit getrockneten Wildblumen.
Frag nach, welche Pflanzen du pflücken darfst.
⚠ Einige Pflanzen sind giftig oder brennen auf der Haut.
Schneide nur ein bisschen von jeder Pflanze ab.
So kann sie weiterwachsen.

Lege zuerst dein Pflänzchen zwischen Löschblätter.
Lege danach viele schwere Bücher darauf.
Wechsle die Löschblätter ab und zu vorsichtig aus.

Nach einigen Tagen
klebst du
die trockene Blume
auf eine Karte.
Du kannst auch
etwas dazu
schreiben.

Die Kamille

Die Kamille, die Kamille,
ist eine Pflanze ... und keine Pille.
Doch ist dein Hals ganz rot und wund,
macht sie dich oft ganz schnell gesund.

Lies Ninas Gedicht mehrmals leise Zeile für Zeile.
Übe dann, das Gedicht laut vorzutragen.
Probiere dabei, wie du die Wörter am besten betonst.

Kapitelabschluss „Natur entdecken": Anleitung Schritt für Schritt erlesen – Bastelanleitung umsetzen:
Karten mit oder ohne Text erstellen
Lesestrategiekasten: Ninas Gedicht (Mitte) erlesen – Gedicht nach Vorgaben im Strategiekasten auswendig lernen
Jojo-Seite „Natur entdecken" → HRU: 114 – KV: 136

Alle nutzen Medien

Was kann man mit einem Smartphone alles machen?

Kapiteleinstieg „Alle nutzen Medien": Buchvorstellung „Lotta und Klicks": Begriffe *Smartphone* und *Klicks* klären –
Lottas Aktivitäten mit dem Smartphone anhand der Abbildungen beschreiben – über eigene Erfahrungen/Aktivitäten mit dem
Smartphone austauschen – zu Jojos Frage Möglichkeiten und Grenzen der Smartphone-Nutzung diskutieren – Buch besorgen
Kinderbuchseite „Alle nutzen Medien" → HRU: 20

121

Eu eu

Leons neues „Spielzeug"

Leon freut sich über seinen neuen Laptop:

„Guck mal, Nina. Ich habe heute meinen neuen

Laptop bekommen!"

Nina versteht nicht: „Wie nennst du das?"

Leon wiederholt das Wort: „Laptop."

„Läpptopp"

„Täblett"

Nina meint: „Komisch. Meine Lehrerin sagt immer:

Euch kriegt man ja nicht mal für die Pause weg von

eurem Tablet."

Niv. 1: Text erlesen – Aussprache der gelb hinterlegten Begriffe ermitteln (jeweils passendes Pendant neben der Abbildung finden) – Laptop und Tablet miteinander vergleichen (Abbildungen und ggf. Vorwissen)

Leon erklärt: „Eure Tablets haben
keine Tastatur. Ihr tippt direkt auf den
leuchtenden Bildschirm. Das ist ein Touchscreen.
Ein Laptop hat zusätzlich eine Tastatur."

Leon tippt eine Nachricht.
„Ich schreibe gerade mit einem Freund hin und her.
Das nennt man chatten."
Nina fragt neugierig: „Ihr unterhaltet euch also, ohne zu
sprechen? Warum telefoniert ihr denn nicht einfach?"

„Tatschskrien"

„tschätten"

Eure Aussprache
ist super.

In den Ferien wollen Papa und Nina verreisen.
Am liebsten möchten sie Urlaub auf einem Bauernhof mit vielen
Tieren machen. Leon schlägt vor: „Komm, wir suchen im Internet."
Er tippt am Laptop in die Suchzeile ein: Urlaub auf dem Bauernhof.
Sofort erscheinen auf dem Bildschirm ganz viele Fotos und Adressen.
Nina freut sich: „Toll, was dein Laptop alles kann!"

Niv. 2: Laptop und Tablet miteinander vergleichen (Abbildungen und Text) – vorgegebene und ggf. weitere englische Begriffe
und deren Aussprache besprechen (*Mouse, Display, scrollen, surfen*) – über das Chatten versus Telefonieren diskutieren
Niv. 3: über Möglichkeiten der Internet-Recherche austauschen – eine Recherche gemeinsam durchführen
Eu/eu → AH: 84, 85 – AH-Fördern: 84, 85 – SLG: 40 – HRU: 95, 96 – KV: 137, 138, 139 – Diff.-Block 71, 72

123

nk Herzlichen Dank, liebe Enkel!

Mama muss heute den ganzen Tag arbeiten.
Sie sagt: „Oma kocht schon für euch.
Aber, bitte denkt daran, ihr zu helfen!
Deckt den Tisch!
Das neue Geschirr steht links im Schrank."
Mama winkt den Kindern zu.

Leon und Nina setzen sich
vor den Fernseher ... und
vergessen die Zeit.

Niv. 1: Laut ermitteln und feststellen, dass das -nk- niemals am Wortanfang steht –
Bild betrachten und Vermutungen dazu anstellen, warum Oma so überrascht schaut

Plötzlich kommt Oma mit dem Suppentopf ...
„So funktioniert das aber nicht! Oder wollt ihr
eure Suppe etwa aus dem Topf trinken?"
Leon ruft: „Oh, Mist! Tut uns leid, Oma!"

Schnell decken Leon und Nina den Tisch
und holen die Getränke.
Oma grinst und zwinkert ihren Enkeln zu: „Herzlichen Dank!
Auf euch kann ich mich immer verlassen!"

Nachmittags schauen Oma, Nina und Leon zusammen fern.
Mitten im Film kommt plötzlich Werbung für ein Schoko-Getränk.
Ein putziger Bär behauptet: „Dieser Schoko-Drink verleiht Kraft."
Oma schimpft: „Alles Schwindel! Die Leute wollen nur euer Geld."

„Bei mir haben sie kein Glück", sagt Leon und lacht.
„Mein Taschengeld habe ich schon längst ausgegeben."

Niv. 2: Text erlesen, Omas ironisch gemeinte Bemerkungen thematisieren – Abbildung betrachten und herausarbeiten, dass
Jojo schon gefressen hat, während die Kinder noch verspätet den Tisch decken – von eigenen ähnlichen Erfahrungen berichten
Niv. 3: über Werbeversprechen und Wirkung von Werbung austauschen – darüber nachdenken, wie Werbung Bedürfnisse weckt
nk → AH: 86 – AH-Fördern: 86 – SLG: 41 – HRU: 97, 98 – KV: 140, 141, 142 – Diff.-Block 73

ng   Gegen die Langeweile

Frau Löber sagt:

„Denkt zu zweit darüber nach,

wie ihr eure Freizeit verbringt."

> Ich spiele
> gern stundenlang auf
> meinem Tablet.

> Wenn ich
> in der Wohnung bleibe,
> male ich gerne.

> Ich spiele
> gerne mit Jojo
> Fang-mich-doch!

> Seit meine Katze
> tot ist, langweile ich
> mich öfter.

Niv. 1: Laut ermitteln und feststellen, dass das -ng- niemals am Wortanfang steht – Textaussagen der Kinder
paarweise erlesen lassen und über die jeweiligen Themenschwerpunkte austauschen, z. B.: „Was macht ihr allein zu Hause?" –
„Habt ihr Haustiere, mit denen ihr eure Freizeit verbringt?"

Ich mag es,
eng an Opa gekuschelt
mein Lieblingsbuch
zu lesen.

Ich finde es toll,
mit meinen Eltern und
Schwestern zusammen
zu singen.

Mein Bruder Leon
verbringt viel Zeit am Laptop.
Aber solang er nicht vergisst,
mich zum Sport zu bringen,
ist mir das egal.

Ich spiele oft
mit meiner Lern-App.
Dabei muss ich neun Schlangen
fangen, um einen Ring zu
bekommen.

Leon hockt vor seinem Laptop und chattet mit seinen Freunden.
Auch Nino hat keine Zeit für Nina, weil sein Opa heute Geburtstag
feiert. Schlecht gelaunt schaltet Nina den Fernseher an.
Aber da läuft nur ein doofer Film. Nina jammert: „Mir ist langweilig."
Mama schlägt vor: „Räum doch einfach mal dein Zimmer auf."
Schnell schüttelt Nina den Kopf und sagt: „Och nö, sooo langweilig
ist mir jetzt doch nicht."

Niv. 2: darüber nachdenken/austauschen, wie viel Zeit man mit Familienmitgliedern oder digitalen Geräten
verbringt – Unterschiede und mögliche Vor- und Nachteile herausarbeiten
Niv. 3: Text erlesen und eine persönliche Hierarchie-Liste anlegen: Womit beschäftige ich mich am liebsten?
ng → AH: 87 – AH-Fördern: 87 – SLG: 42 – HRU: 99, 100 – KV: 143, 144, 145 – Diff.-Block: 74

β Wenn wir groß sind

Draußen regnet es.
Die Kinder sitzen in Ninos großem Zimmer.
Sie spielen Berufe-Raten.

Nils beschreibt, was er werden will.
Die anderen sollen raten.

„Ich trage eine große, weiße Mütze.
Von mir bekommt ihr leckere süße und
heiße Sachen.“
Lara ruft: „Das ist ja babyleicht! Du willst ...“

Niv. 1: Lautung anhand einiger Beispielwörter (z. B. *Fuß, grüßen*) erarbeiten – feststellen, dass das -ß-
niemals am Wortanfang steht und ein Silbenkönig davor immer lang klingt – Formunterschiede zum B erarbeiten –
Text erlesen und raten, welchen Beruf Nils ergreifen will (Koch)

Lara weiß:
„Ich möchte kranken Tieren helfen.
Das macht bestimmt Spaß. Schließlich soll
auch jedes Tier gesund leben."

Nina sagt:
„Mein Vater arbeitet bei einer Zeitung.
Ich will auch aus der großen weiten Welt berichten –
und euch im Internet von überall grüßen.

Bloß Nino denkt noch kurz nach.
Sein Fuß zappelt.
„Äääähm ... wie heißen noch mal
die Leute, die Flugzeuge fliegen?"

Toni erzählt: „Ich will später Computer-Spiele entwickeln.
Die spiele ich nämlich selbst total gern.
Leider findet Mama, dass ich zu lange vor dem Computer hocke.
Dann muss ich oft aufhören, wenn es gerade richtig Spaß macht.
Aber wenn ich später mit meinen Spielen erst einmal viel Geld
verdiene, hat sie sicher nichts mehr dagegen.
Dann sagt sie ganz bestimmt nie mehr: *Schluss für heute, Toni!*"

Niv. 2: Ninos Frage beantworten (Pilot) – über die Berufe austauschen, z. B.: „Was muss man als Koch alles tun?" – Leitfragen zum
Berufe-Raten aufschreiben, z. B.: „Arbeitest du draußen oder drinnen?" / „Hast du viel mit Menschen zu tun?" – Berufe-Raten spielen
Niv. 3: den Zusammenhang zwischen Arbeit und Arbeitslohn thematisieren
ß → AH: 88 – AH-Fördern: 88 – SLG: 43 – HRU: 101, 102 – KV: 146, 147, 148, 152 – Diff.-Block: 75

Nino erzählt von Opa

Mein Opa kommt aus Syrakus.
Das ist eine Stadt ganz im Süden Italiens.
Sie liegt direkt am Meer.
Wir verbringen unsere Ferien oft dort.

Opa wohnt bei uns in Deutschland,
seit Oma gestorben ist.
Damals war ich noch ein Baby.
Meine Oma hieß Yara.

Niv. 1: verschiedene Y/y-Lautungen anhand der Lauttabelle erarbeiten –
Text erlesen und Foto beschreiben – eigene Urlaubsorte/-Länder benennen

Opa hat manchmal Heimweh.
Dann seufzt er:
„Es war so schön mit Yara
draußen am Meer in Syrakus!"

Zum Glück weiß ich,
wie wir Opa trösten können:
Wir telefonieren am Laptop mit der Familie in Italien.
Dabei können wir uns gegenseitig sehen.

Paola tanzt dann immer wie auf einer Party herum.
Typisch Paola!
Und Opa vergisst für eine Weile, dass Oma Yara
nicht mehr lebt.

Als mein Opa zu uns gezogen ist, konnte er nur Italienisch.
Inzwischen hat er schon viel Deutsch gelernt, aber er macht noch
Fehler oder vergisst Wörter.
In unserer Familie reden wir dann einfach auf Italienisch weiter.
Wenn er mit anderen etwas Wichtiges besprechen möchte,
übersetze ich manchmal für ihn. Dann sagt Opa immer:
„Gut, dass es dich gibt!" Stimmt! Darüber bin ich auch sehr froh.

Niv. 2: Erfahrungen mit der Internet-Telefonie austauschen – über Urlaubs-/Herkunftsorte berichten, frei dazu schreiben –
bikulturelle Familienkonstellationen benennen – bei Bedarf über Gefühle beim Tod von Angehörigen sprechen lassen
Niv. 3: über mögliche Schwierigkeiten beim Erlernen und/oder Vorteile des Beherrschens einer Fremdsprache spekulieren
Y/y → AH. 89 plus 90 – AH-Fördern: 89 plus 90 – SLG: 44 – HRU: 103, 104 – KV: 149, 150, 151 – Diff.-Block: 76

131

Jojos Monatsblatt geht online

Heute stellt Frau Löber den Kindern die neue Schülerzeitung vor.
Die kann man jetzt auf dem Computer aufrufen und lesen.

Grundschule Imsdorf

Heideweg 27
10639 Imsdorf

Monatsblatt
Ausgabe Mai

E-Mail: GS-Imsdorf@Beispiel.de

über uns   Neuigkeiten   Vermischtes   >

Fest der Kontinente – 28. Mai
Endlich ist es so weit!
Wir feiern das
Fest der Kontinente!

Und das steht
auf dem Programm:

→ weiterlesen

Unser Forscher-Team siegt!
Das Team unserer Klasse 4b hat
den Forscher-Wettbewerb
**„Weniger
Plastikmüll
in der Schule"**
gewonnen!

→ weiterlesen

Grundschule Imsdorf

Heideweg 27
10639 Imsdorf

Monatsblatt
Ausgabe Mai

E-Mail: GS-Imsdorf@Beispiel.de

über uns   Neuigkeiten   Vermischtes   >

Mach mit!
**Schulhof-Gestaltung
++ Hilfe gesucht ++**
Bitte bei Lena Koch,
Klasse 3a melden!

KINO-Tipp

Kater Kuno

Versprecher des Monats
→ Frau Löber ☺
„Ich finde, mit den
besseren Haaren
siehst du kürzer aus!"

Jojos Monatsblatt geht online: über Funktion der Seiten der digitalen Schülerzeitung spekulieren – fremde Begriffe und deren Aussprache klären (… geht online) – Aufbau der Seiten, bekannte und unbekannte Felder benennen, z. B. Adresszeile, E-Mail-Adresse, Suchfeld, Home-Symbol, → „weiterlesen" (am Gesamtniveau der Kinder orientieren) – analoge Seiten und ähnliche Seitenelemente im Internet anschauen – zu den Beitragskategorien selbst etwas schreiben

S. 149

Huch, ein Selfie!

Rob, Neles kleiner Roboter, hockt missmutig
neben den Stofftieren im Regal und langweilt sich.
Früher hat Nele oft mit ihm gespielt.
Aber seit Opa ihr das Handy geschenkt hat,
5 tippt sie ständig darauf herum.
Für Rob hat sie kaum noch Zeit.

Was ist so spannend an diesem blöden Ding?
Wenn Rob das Handy nur mal anschauen möchte, heißt es gleich:
„Finger weg! Das ist kein Spielzeug."
10 Pah! Rob ist auch kein Spielzeug. Er ist ein Roboter, bitte schön!

Endlich geht Nele mal aufs Klo. Ohne Handy. Das ist die Gelegenheit!
Schnell klettert Rob aus dem Regal und drückt auf dem Handy herum.
Plötzlich – klick – leuchtet sein eigenes Bild auf. Ach du Schreck!

„Rob!" Neles Stimme! Erwischt! Aber komisch, Nele ist gar nicht böse.
15 Sie sagt: „Toll! Ein Selfie! Wir machen noch mehr davon.
Dann bekommst du eine Seite im Internet und wirst berühmt."
Nele legt gleich los. Sie fotografiert Rob
beim Handstand, beim Lesen, beim Tanzen.
Klick! Klick! Klick!

20 Selfie? Internet? Rob versteht kein Wort.
Egal. Hauptsache, er muss nicht mehr
im Regal hocken und sich langweilen.

Frauke Nahrgang

Huch, ein Selfie!: Text abwechselnd abschnittsweise erlesen – fremde Begriffe und deren Aussprache klären – eigene
Erfahrungen und Fähigkeiten im Umgang mit einem Handy wiederholen – Fibelseite 121 erneut ansehen und Möglichkeiten und
Grenzen der Handy-Nutzung vertiefen – „Stofftier-Selfies" in verschiedenen Positionen erstellen, z. B. mit der Jojo-Handpuppe
Lesefutterseiten „Alle nutzen Medien" → HRU: 112

133

Womit kannst du … ?

chatten   spielen   fotografieren   dich informieren   kuscheln

zusammen Spaß haben   Nachrichten schreiben   Zeit vertreiben   …

Sprecht darüber oder legt eine Tabelle an.

Fernseher	Familie / Freunde	Handy / Smartphone
		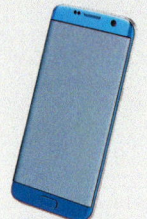
mich informieren	zusammen kochen	

 AlsunsereGroßelternKinderwaren, gabesnochgarkeineHandys.

Schreibe diesen Satz richtig auf.

134

Kapitelabschluss „Alle nutzen Medien": Überschrift und Tätigkeiten auf den gelben Feldern erlesen und Aufgabe aus Ninos
Sprechblase im Klassenverband oder in Partner-/Gruppenarbeit durchführen (Mehrfachzuordnungen möglich)
Lesestrategiekasten: Schlangensatz erlesen, Wortgrenzen finden und Satz mit Wortlücken richtig abschreiben – kontrollieren
Jojo-Seite „Alle nutzen Medien" → HRU: 114 – KV: 153

Im Sommer

Was machst du im Sommer am liebsten?

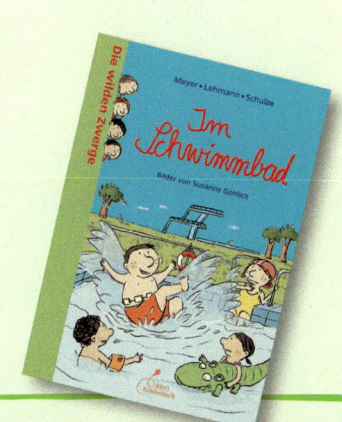

Kapiteleinstieg „Im Sommer": Buchvorstellung „Die wilden Zwerge – Im Schwimmbad": Abbildungen beschreiben –
Liste anlegen: Was brauchen wir im Schwimmbad? – über Erlebnisse beim Schwimmen austauschen, dazu frei schreiben
und/oder malen – Jojos Frage beantworten – Textauszug von Fibelseite 139 erlesen/vorlesen und/oder Buch besorgen
Kinderbuchseite „Im Sommer" → HRU: 20

135

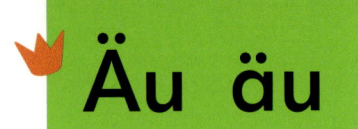
Äu äu

Wir „sammeln" Geräusche

Gestern sagte Frau Löber:
„Schließt bitte mal die Augen. Träumt nun
ein bisschen von den Sommer-Ferien. Wo wart ihr?
Welche Geräusche habt ihr dort gehört?"
Später erzählten die Kinder, an welche Geräusche
sie sich erinnern konnten.

Heute haben sich die Kinder auf zwei Räume verteilt.
Dort dürfen sie Geräusche nachmachen.
Nils läuft mit einem Smartphone durch die Räume.
Er soll die Geräusche aufnehmen.

Ich träume vom
Rauschen des Windes
in den Bäumen.

Eine Kuh säuft
Wasser aus einem Trog.
Das Wasser läuft über.

Niv. 1: Lautung ermitteln (bei Nachfrage auf identischen Laut beim Eu/eu verweisen) – Text oben erlesen
Niv. 2: restlichen Text erlesen – Begriffe klären – ggf. „Übung" nachmachen und von eigenen (Urlaubs-)Geräuschen berichten

tipp! tipp! tipp!

Papas Smartphone ist im Urlaub kaputtgegangen. Deshalb haben wir ein Internet-Café gesucht. Dort konnten wir am Computer eine E-Mail an Mama und Leon schreiben.

knister! knister!

„Wir waren in Costa Rica einmal auf einem Campingplatz. Abends saßen wir oft am Lagerfeuer. Das Knistern des Feuers mag ich gern. Und Onkel Cedric hat mir die Sterne erklärt. Das war cool!"

Nils spielt allen seine Aufnahme vor. Man hört ein Pferd im Galopp. Dafür hat Ina mit Löffeln geklappert. Andi hat mit den Fingern auf den Tisch getrommelt. Das klingt wie Hagel. Plötzlich kracht und klirrt es. Nina ruft: „Toll! Das Geräusch klingt total echt."
Nils wird ein bisschen rot und murmelt kleinlaut: „Es IST echt. Ich habe aus Versehen den Blumentopf vom Fensterbrett geworfen."

Niv. 1: unterschiedliche C/c-Lautungen ermitteln – Text oben erlesen – Begriffe klären
Niv. 2: Text Mitte erlesen – Begriffe klären – Costa Rica auf einer Weltkarte suchen – Geräusche nachmachen
Niv. 3: Geräusche-Projekt oder Hörspiel (z. B. „Gruselschloss") planen und durchführen – über erlebte Missgeschicke austauschen
Äu/äu, C/c → AH: 91, 92, 93 – AH-Fördern: 91, 92, 93 – SLG: 45, 46 – HRU: 105, 106 – KV: 154–159, 160 – Diff.-Block: 77, 78

137

Wir erzählen von den Ferien

Wir waren in der Türkei.
An einem Tag haben wir
ein Trachtenfest besucht.

Die Mädchen trugen Kleider
mit bunten Mustern
und tollen Kopfschmuck.

Gibt es
so etwas auch
in Deutschland?

Anita

Das ist die Insel Föhr.
Sie liegt in der Nordsee.
Manche Leute hier sprechen
einen friesischen Dialekt.
Sie zählen etwa so:

lin, tau, trii, fjour,
fiiw, sääks, sööwen,
aacht, njügen, tjiin.

Das klingt lustig!

Simon

Wir sind dieses Jahr nicht verreist.
Dafür haben wir spannende Ausflüge
in die Umgebung gemacht.

Am besten fand ich den Kletterpark.
Dort hatten wir viel mehr Platz
als sonst. Denn die meisten anderen
waren ja weit weg 😊.

Toni

Wir erzählen von den Ferien: Berichte erlesen, Bilder dazu beschreiben – über persönliche Urlaubserlebnisse austauschen – in verschiedenen Dialekten/Sprachen zählen – Trachten aus aller Welt, Freizeitangebote aus dem Umkreis im Internet recherchieren – eigene analoge Berichte über einen besonderen Urlaubseindruck verfassen – ein Klassen-Urlaubsbuch erstellen

S. 149

Die wilden Zwerge – Im Schwimmbad

Heute geht die Zwergengruppe ins Schwimmbad.

Die Kinder ziehen sich um und lassen sich von Frau Köhler mit

Sonnenmilch eincremen. Frau Koslowski hilft bei den Schwimmflügeln.

Die Kinder geben ihr auch die Bälle und Schwimmtiere

5 zum Aufpusten. Das sind ganz schön viele. „Mein Kreislauf!

Ich kann gleich nicht mehr", stöhnt Frau Koslowski.

Sie ist schon ganz rot im Gesicht.

Ein großer Mann in einer weißen Badehose

und mit einer Trillerpfeife um den Hals kommt

10 angeschlendert. „Guten Morgen, zusammen!

Na, alles klar?" Das ist der Bademeister.

„Guten Morgen!", japst Frau Koslowski.

„Geben Sie mal her!", sagt der Mann

und pustet den Delfin zu voller Größe auf.

15 Frau Koslowski kann verschnaufen.

„Alle mal herhören!", ruft der Bademeister, als er fertig ist.

„Hier gibt es Regeln. Keiner geht rüber ins Schwimmerbecken,

der noch nicht schwimmen kann. Es wird nicht ins Wasser gepinkelt

und nicht vom Beckenrand gesprungen. Verstanden?"

20 „Ja!", rufen die Zwerge.

„Hast du echt noch nie ins Wasser gepinkelt?", fragt Selin.

„Noch nie. Und wehe, du machst das!

Wir haben was ins Wasser getan, das macht euer Pipi dunkelblau,

und man sieht sofort, wer es war." Alle starren den Bademeister an.

25 „Stimmt das?", fragt Selin Frau Koslowski. ◇

Meyer, Lehmann, Schulze

Die wilden Zwerge – Im Schwimmbad (Buchauszug): Text erlesen, unbekannte Wörter klären – Kapiteleinstiegsseite 135 mit
weiteren Abbildungen zum Text anschauen – Seepferdchen-Abzeichen (r. o.) besprechen – über Selins Schlussfrage spekulieren –
über Ängste beim Schwimmen austauschen – Verhalten/Regeln beim Baden (Schwimmbad, See, Meer) besprechen – Buch besorgen
Lesefutterseiten „Im Sommer" → HRU: 112

S. 149

Feriengrüße an Nina

Weißt du, wie man Handy-Nachrichten verschickt?

01. August

Liebe Nina,
in Syrakus ist es klasse!
Auf Italienisch heißt die
Stadt Siracusa. Hier gibt
es alte Tempel mit Säulen.
Tante Elenas Baby ist da!
Es heißt Luca.
Und ich kann jetzt sogar
im Meer schwimmen!

A presto, Nino 🙂

14:52

31. Juli

Liebe Nina, lieber Papa,
wie geht es euch?
Ist es schön im Allgäu?
Mir geht es super!
Morgen mache ich
einen Freeclimber-Kurs.
Das wird richtig toll!
Nina, im Internet
kannst du nachlesen,
was das ist. 😉

Liebe Grüße, Leon

18:30

Welche Wörter verstehst du nicht?
Informiere dich darüber, was sie bedeuten.
Lies danach diese Nachrichten noch einmal.

140

Kapitelabschluss „Im Sommer": Überschrift und SMS-Nachrichten auf den Handy-Displays erlesen
Lesestrategiekasten: Schritte zur inhaltlichen Erfassung der SMS-Nachrichten wie vorgegeben durchführen
Jojo-Seite „Im Sommer" → HRU: 114 – KV: 161

Wir lesen Bücher

Welche verrückte Maschine würdest du gerne erfinden?

Kapiteleinstieg „Wir lesen Bücher": Buchvorstellung „Die total verrückte Schrumpf-Maschine":
Abbildungen beschreiben, Vermutungen zur Geschichte anstellen – passenden Textauszug auf den Fibelseiten 144/145
erlesen/vorlesen – zu Jojos Frage etwas malen und/oder frei schreiben – Buch besorgen
Kinderbuchseite „Wir lesen Bücher" → HRU: 20

141

Qu qu   In der Bücherei

Leon besucht mit Nina, Nino und Paola eine Bücherei.
Sie wollen sich Bücher ausleihen.

In der Bücherei staunt Nino:
„Cool! Hier sind Quiz-Bücher und Comics und ..."
Nina quatscht dazwischen:
„Hey, guck mal, hier sind Bücher
über Quallen und Aquarien!"

Tiere im Wasser   Unsere Meere   Aquarien

Paola rennt kreuz und quer durch die Räume.
Dabei entdeckt sie ein Tablet mit einem Kopfhörer:
Paola quietscht vor Freude: „Darf ich das benutzen?"

Leon lacht: „Klar. Such dir auf dem Tablet ein Buch aus
und hör es dir an. Du lernst ja erst nach den Ferien lesen."
Paola quakt: „Wieso? Opa kann lesen und hört trotzdem
Hörbücher."

Niv. 1 und Niv. 2: jeweiligen Textanteil erlesen – Begriffe klären (Quiz, Comics, Quallen, Aquarien, Tablet, Hörbücher)

Die Kinder setzen sich auf die bequemen Leseplätze.

Nino blättert in einem Tier-Lexikon.

Den Text über Haie findet er besonders spannend.

Nina liest ein Märchen von einer frechen Nixe.

Plötzlich fängt Paola an,
laut zu quasseln.

Verflixt! Paola kann ja doch schon lesen!

Ich bin die Hexe Lexa
und hexe für euch extra!
Mix mit dem Quirl im Hexentopf
die Seife für den Hexenzopf!

Niv. 1 und Niv. 2: jeweiligen Textanteil erlesen – Begriffe klären (bequem, Lexikon, Nixe) – über Lieblingsbücher austauschen, Lieblingsbücher präsentieren – einen Büchereibesuch, ein Lesefest oder eine Lesenacht planen und durchführen
Qu/qu, X/x → AH: 94, 95 – AH-Fördern: 94, 95 – SLG: 47, 48 – HRU: 107, 108 – KV: 162–167, 168 – Diff.-Block: 79, 80

Die total verrückte Schrumpf-Maschine

Oma Pia ist Erfinderin. Jeden Tag geht Anton zu ihr.

In Omas Werkstatt gibt es immer viel zu sehen.

Oma Pia erfindet viele nützliche Sachen.

Viele Leute schreiben Oma und bestellen ihre Erfindungen.

5 Postbote Jan bringt Briefe aus der ganzen Welt.

Am Morgen sitzt Oma am Tisch und kaut auf ihrem Bleistift.

Was kann sie heute bauen? Ihr fällt einfach nichts ein.

„Eine Heizung für Schuhe", schlägt Anton vor.

„Die gibt es schon", meint Oma.

10 Oma wuschelt ihm durchs Haar. „Erst, wenn du groß bist,

kannst du Erfinder werden. Bis dahin musst du noch viel lernen."

Anton ärgert sich. Er hilft Oma jeden Tag.

Merkt sie nicht, was er schon alles kann?

Außerdem ist Oma auch nicht viel größer als er!

Die total verrückte Schrumpf-Maschine (Buchauszug): Kapiteleinstiegsseite 141 erneut anschauen und bisherige Erkenntnisse zur Geschichte wiederholen – Text abwechselnd abschnittsweise erlesen – darüber spekulieren, wie Anton seine Oma wieder vergrößern kann – einen Geschichtenschluss ausdenken – frei dazu schreiben –

15 „Dann bau eine Maschine, die mich groß macht",

murrt Anton.

Oma starrt ihn an. „Das ist DIE Idee", ruft sie.

Oma nimmt ein Blatt Papier und kritzelt drauflos.

„Ich brauche ein Rohr und ein Zahnrad", murmelt sie.

20 Anton darf jetzt nicht stören.

Er geht in den Garten und spielt mit Kater Einstein.

Oma baut die ganze Nacht.

Am nächsten Tag läuft Anton gleich in die Werkstatt.

Da steht die neue Maschine. Omas Topfblume steht daneben.

25 Sie ist groß wie eine Palme. Anton ist begeistert.

„Die Maschine funktioniert ja schon richtig gut", ruft Anton.

„Leider ja", hört er Oma sagen.

„Seltsam", denkt Anton.

Omas Stimme klingt so piepsig.

30 Anton blickt sich um.

Wo ist sie überhaupt?

„Hier bin ich", ruft Oma Pia.

Anton reißt die Augen auf.

Oma steht direkt vor ihm.

35 Sie ist winzig klein! ◈

Heike Wiechmann

eine eigene verrückte Maschine ausdenken und beschreiben – begründen, warum man sich
eine solche Maschine wünscht – dazu malen und/oder frei schreiben – Buch besorgen und Geschichte vorlesen
Lesefutterseiten „Wir lesen Bücher" → HRU: 112

S. 149

145

Seite **18**

Aus Italien und Deutschland

Lies Ninos Zungenbrecher immer schneller. Das bedeutet er:

Der Papst wiegt den Pfeffer in Pisa.
Pisa wiegt den Pfeffer für den Papst.

Vergleiche die deutschen mit den italienischen Wörtern.

Kennst du andere Zungenbrecher?

Grüße an Jojo von überall in Deutschland

In Deutschland spricht man viele verschiedene Dialekte.
Lies die Grüße an Jojo laut:
Was bedeuten sie? – Sprich diesen Satz in deinem Dialekt.

Seite **19**

Planet Willi – Willi lernt

Versuche, Willis Gebärden nachzumachen.
Denke dir eigene Zeichen aus, zum Beispiel:

- Mach doch mal langsamer!
- Das verstehe ich. – Das verstehe ich nicht.

Seite **26**

Herbst-Haiku

Ein Haiku ist eine japanische Gedichtform:

1. Zeile: **5** Silben
2. Zeile: **7** Silben
3. Zeile: **5** Silben

Mein kleiner Drachen
fliegt vorbei im wilden Wind.
Uppps, der Hut gewinnt.

Schreibt gemeinsam ein Herbst-Haiku.

Seite **37**

Minus Drei wünscht sich ein Haustier

Für ein Haustier brauchst du viel Zeit.
Schreibe auf, was du alles mit einem Haustier
tun musst.

Textwerkstatt

Textwerkstatt

Ich will auch mal
mit Einstein spielen!

Wörterliste

A a

aber ☺

acht ☺

alle ☺

alt ☺, älter ⚡

antworten ☺

arbeiten ☺

● der Arm ☺

● der Ast ☺, die Äste ⚡

B b

backen ☺

bald Ⓜ

● der Bär Ⓜ

● der Bauch ☺, die Bäuche ⚡

● das Bein ☺

● die Biene ☺

● das Bild ↪, die Bilder

bleiben ☺, er bleibt ↪

● die Blüte ☺

brauchen ☺

● das Brot ☺

● das Buch ☺, die Bücher

C c

● der Cent Ⓜ

● der Comic Ⓜ

● der Computer Ⓜ

D d

● das Dach ☺, die Dächer ⚡

dein, deine, deiner ☺

denken ☺

dich ☺

dick ☺, dicke

● die Dose ☺

dürfen ☺, er darf

E e

einmal ☺

● das Eis ☺

elf ☺

essen ☺, sie isst Ⓜ

● die Eule ☺

● der Euro ☺

F f

fahren Ⓜ, er fährt ⚡

fallen ☺, sie fällt ⚡

● die Ferien ☺

● das Fest ☺

● der Fisch ☺

● die Flasche ☺

fliegen ☺

freuen ☺

● der Freund ↪, die Freunde

● der Frühling Ⓜ

fünf ☺

● der Fuß Ⓜ, die Füße

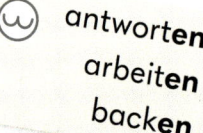

☺ antworten ☺ aber
arbeiten Bilder
backen Computer

G g

- die Gabel ⌣
    geben ⌣, es gibt ↪
    gehen ⌣, sie geht ↪
    gelb ↪, gelbe
- das Geschenk ⌣
    gestern ⌣
    gesund ↪, gesunde
- das Glas ⌣, die Gläser ⚡
    grün ⌣

H h

- die Hand ↪, die Hände ⚡
- das Handy Ⓜ
- das Haus ⌣, die Häuser ⚡
    heiß Ⓜ
    helfen ⌣, er hilft
    hinter ⌣
- der Hund ↪, die Hunde

I i

- der Igel Ⓜ
    ihm, ihn, ihr, ihre Ⓜ
- die Insel ⌣

J j

ja ⌣
- das Jahr Ⓜ

K k

- die Katze ⌣
    kaufen ⌣
- die Klasse ⌣
- das Kleid ↪, die Kleider
    klein ⌣
- das Knie ⌣
    kochen ⌣
    können ⌣, sie kann
- die Kuh ↪, die Kühe

L l

laufen ⌣, er läuft ⚡
    laut ⌣
    leben ⌣, sie lebt ↪
    leicht ⌣
    lernen ⌣
    lesen ⌣, er liest
- die Leute ⌣
    liegen ⌣
- das Loch ⌣, die Löcher
- der Löffel ⌣

M m

- das Mädchen Ⓜ
- der Mann ↪, die Männer ⚡
- der Mund ↪, die Münder
    müssen ⌣, es muss ↪
- die Mütze ⌣

⌣ alle essen fallen

↪ Bild Freund Hand

151

N n

- die Nacht ⊗, die Nächte ⚡
  neu ⊗
  neun ⊗
  nie ⊗

O o

  ob Ⓜ
  oben ⊗
- das Ohr Ⓜ
- der Onkel ⊗

P p

- das Papier ⊗
  pflegen ⊗
- der Pinsel ⊗

Qu qu

  quaken ⊗
- der Qualm ⊗
- der Quatsch ⊗

R r

- der Raum ⊗
  rechnen ⊗
  rechts ⊗
  reden ⊗
- der Regen ⊗
  rennen ⊗

  riechen ⊗
- der Ring ⊗
  rufen ⊗

S s

- der Saft ⊗
  sagen ⊗, sie sagt ⊗
- die Schere ⊗
- das Schiff ⊗, die Schiffe
  schneiden ⊗
  schön ⊗
- der Schrank ⊗,
  die Schränke ⚡
  schreiben ⊗, er schreibt ⊗
- die Schule ⊗
- die Schwester ⊗
  sechs Ⓜ
  sehen ⊗, sie sieht Ⓜ
  seit ⊗
  sieben ⊗
  singen ⊗
  sitzen ⊗
- der Sommer ⊗
  sprechen ⊗, er spricht
  stehen ⊗
- der Stern ⊗
  still ⊗, stiller
- der Strauch ⊗,
  die Sträucher ⚡
- die Stunde ⊗
  suchen ⊗

⊗ nie
das Papier
riechen

T t

- die Ta**fel** ☾
- die Tan**te** ☾
- die Ta**sche** ☾
- der Tisch ☾
  - tra**gen** ☾, sie trägt ⚡
  - trin**ken** ☾
  - tun ☾
- die Tür ☾
  - tur**nen** ☾

U u

- ü**ben** ☾
- ü**ber** ☾
- die Uhr Ⓜ
  - um ☾
  - un**ten** ☾
  - un**ter** ☾

V v

- die Va**se** Ⓜ
- der Va**ter** Ⓜ, die Vä**ter** ⚡
  - viel Ⓜ
  - vier Ⓜ
- der Vo**gel** Ⓜ, die Vö**gel** Ⓜ
  - von Ⓜ
  - vor Ⓜ
- der Vul**kan** Ⓜ

W w

- wa**schen** ☾, er wäscht ⚡
- die Welt ☾
  - wer**den** ☾, es wird ↬
  - wie**der** ☾
- die Wie**se** ☾
- der Wind ↬, die Win**de** ☾
  - win**ken** ☾
- der Win**ter** ☾
  - wis**sen** ☾, sie weiß
- die Wo**che** ☾
  - wol**len** ☾, er will ↬
- das Wort ☾

X x

- das Xy**lo**fon Ⓜ

Y y

- die Yacht Ⓜ

Z z

- die Zahl Ⓜ
  - zehn Ⓜ
  - zei**gen** ☾, sie zeigt ↬
- die Zeit ☾
  - zur ☾

Ⓜ	ob	Ⓜ	die **V**ase
	das **O**hr		der **V**ater
	se**chs**		**v**iel

Inhalt

Hinweise in der Fußzeile:
AH = Arbeitsheft
AH-Fördern = Arbeitsheft Fördern
SLG = Schreiblehrgang
HRU = Handreichungen für den Unterricht
KV = Kopiervorlagen
Diff.-Block = Differenzierungsblock

Jo-Jo 1

Fibel

von
Nicole Namour

mit Zusatztexten von
Frauke Nahrgang: Seiten 47, 77, 79, 89, 103, 105, 111, 113, 115, 117, 123, 125, 127, 129, 131, 133, 137

Unter Beratung von
Anna Marie Holz (Herdorf), Stefanie Marx (Freudenberg), Kerstin Metz (Ludwigsburg), Matthias Meyenburg (Rottweil), Katja Simon (Rodgau)

Redaktion
Kirsten Pauli, Nicole Namour

Illustrationen
Imke Sönnichsen: Vorsatz vorne, 2, 3, 4, 6–17 (ohne Lautbilder), 20, 22–25 (ohne Einzelvignetten Lama Lola, Ali, Toni, Lisa, Simon, Nils, Mini-Drachen), 28 (ohne Lautbilder), 30–35, 41 (l. u.), 42–45, 48 (ohne Würfel auf Farbfeld), 50–57, 62–67, 70 (ohne Dino), 72–79, 82, 84, 86–89 (ohne Tierausschnitte 88 / Augenrätsel 89), 92, 94–97, 100, 102–105, 108, 110–117, 118, 120, 122–131, 134, 136, 137, 140 (Nina), 142, 143, 146, 147 (unten), 148 (oben), 149 –
Jojo-Hund auf den Seiten 5, 20, 21, 28, 29, 38, 39, 48, 49, 60, 61, 70, 71, 82, 83, 90, 92, 93, 100, 101, 108, 109, 120, 121, 132, 134, 135, 140, 141, 149 und auf dem Vorsatz hinten
Barbara Jung: 18, 23 (Einzelvignetten Lama Lola, Ali, Toni), 24 (Einzelvignetten Lisa, Simon, Nils), 26, 36 (oben), 46, 47, 68 (unten), 80, 90 (ohne Jojo-Hund), 98 (oben), 99 (unten), 106, 107, 119 (unten), 132 (ohne Jojo-Hund), 133, 147 (oben), 148 (unten) –
Lautbild Oma auf den Seiten 2, 3, 12, 13, 28 und auf dem Vorsatz hinten
Manuela Ostadal: 25 (Drachen-Miniatur), 48 (Würfel auf farbigem Feld), 60 (Winterheft, Kinderzeichnung), 68 (Tabelle), 70 (Dino), 85, 88 (Tierausschnitte), 99 (Leporello), 140 (Handys) –
alle Lautbilder (ohne Oma) auf den Seiten 2, 3, 12, 13, 28, 150–153 und auf dem Vorsatz hinten –
Lautbilder Euro/Euro-Cent: Cornelsen Verlag/Manuela Ostadal/Deutsche Bundesbank
Gabriele Heinisch: Kapitelvignetten

Umschlagillustration
Dorothee Mahnkopf

Gesamtgestaltung
Heike Börner, orangerie-grafikdesign

Layout und technische Umsetzung
Reemers Publishing Services GmbH

www.cornelsen.de

◇ Texte mit diesem Zeichen wurden aus didaktischen Gründen gekürzt oder verändert. Informationen stehen im Textquellenverzeichnis bei den betreffenden Texten.

1. Auflage, 1. Druck 2023

Alle Drucke dieser Auflage sind inhaltlich unverändert und können im Unterricht parallel eingesetzt werden.

© 2023 Cornelsen Verlag GmbH, Berlin

Das Werk und seine Teile sind urheberrechtlich geschützt. Jede Nutzung in anderen als den gesetzlich zugelassenen Fällen bedarf der vorherigen schriftlichen Einwilligung des Verlages. Hinweis zu §§ 60 a, 60 b UrhG: Weder das Werk noch seine Teile dürfen ohne eine solche Einwilligung an Schulen oder in Unterrichts- und Lehrmedien (§ 60 b Abs. 3 UrhG) vervielfältigt, insbesondere kopiert oder eingescannt, verbreitet oder in ein Netzwerk eingestellt oder sonst öffentlich zugänglich gemacht oder wiedergegeben werden. Dies gilt auch für Intranets von Schulen.

Druck: Mohn Media Mohndruck, Gütersloh

ISBN 978-3-464-81204-4 (Schulbuch)
ISBN 1100028034 (E-Book mit Medien)

PEFC zertifiziert
Dieses Produkt stammt aus nachhaltig bewirtschafteten Wäldern und kontrollierten Quellen.
www.pefc.de

PEFC/04-31-1033

Quellenverzeichnis

Textquellen

5 Daniela Kulot (Text / Illu.): Zusammen! (Auszug) © Gerstenberg Verlag, Hildesheim 2016. **19** Birte Müller (Text / Illu.): Planet Willi. (Auszug, gekürzt) © Klett Kinderbuch, Leipzig 2012. **27** Charlotte Habersack (Text), Susanne Göhlich (Illu.): Torkel. (Auszug, gekürzt) © Tulipan Verlag GmbH, München 2019. **36** Michael Augustin: Vogelei / Das Küken. Aus: Ein Nilpferd steckt im Leuchtturm fest. Tiergedichte für Kinder. © Mixtvision Verlag, München 2019. **37** Ute Krause (Text / Illu.): Minus Drei wünscht sich ein Haustier. (Auszug, gekürzt) © cbj Verlag: Verlagsgruppe Random House GmbH, München 2014. **46** Michael Ende: Ein sehr kurzes Märchen. In: Hans-Joachim-Gelberg (Hrsg.): Überall und neben dir. © Gulliver in der Verlagsgruppe Beltz, Weinheim 2015. **58** Gabriele Roß: Vier Lichter. (Überschrift hinzugefügt). In: Tabaluga. Mein schönstes Weihnachtsbuch. © Pattloch Verlag, Augsburg 1999. **69** Kai Pannen (Text / Illu.): Neulich in der Steinzeit – Ugulu und Mim. (Auszug, gekürzt) © Tulipan-Verlag GmbH, München 2018. **80** Hans Manz: Wunder des Alltags. In: Hans-Joachim-Gelberg (Hrsg.): Überall und neben dir. © Gulliver in der Verlagsgruppe Beltz, Weinheim 2015. **81** Kerstin Brichzin (Text), Igor Kuprin (Illu.): Der Junge im Rock. (Auszug, gekürzt). minedition, Publishing AG, Zürich 2020 © Text: Kerstin Brichzin 2018 © Illustration: Igor Kuprin 2018 (Erstauflage 2018: Michaela Neugebauer Edition GmbH, Bargtheide). **91** Nikola Huppertz (Text), Mareike Ammersken (Illu.): Der schönste Tag zum Nichtstun. (Auszug, gekürzt) © Annette Betz Verlag in der Ueberreuter Verlag GmbH, Wien / Berlin 2022. **99** Georg Bydlinski: Zum Muttertag. In: Die bunte Brücke. Herder Verlag, Basel / Freiburg / Wien 1992. **118** Josef Guggenmos: Der Löwenzahn. (andere Überschrift hinzugefügt) In: Groß ist die Welt. Hrsg.: Hans-Joachim Gelberg © Beltz & Gelberg in der Verlagsgruppe Beltz, Weinheim / Basel 2006. **139** Meyer / Lehmann / Schulze (Text), Susanne Göhlich (Illu.): Die wilden Zwerge – Im Schwimmbad. (Auszug, gekürzt) © Klett Kinderbuch, Leipzig 2009. **144 / 145** Heike Wiechmann (Text / Illu.): Die total verrückte Schrumpf-Maschine (Auszug, gekürzt) © FISCHER Duden Kinderbuch, Fischer Verlag, Frankfurt a. M. 2018.

Bildquellen / Buchcover

5 Daniela Kulot (Text / Illu.): Zusammen! Gerstenberg Verlag, Hildesheim 2016. **19** Birte Müller (Text / Illu.): Planet Willi. © 2012 by Klett Kinderbuch, Leipzig. **21** Matthew Farina (Text), Doug Salati (Illu.): Es ist Herbst, kleiner Fuchs. Aus dem Amerikanischen übersetzt von Ebi Naumann. © 2021 Thienemann in der Thienemann-Esslinger Verlag GmbH, Stuttgart. **27** Charlotte Habersack (Text), Susanne Göhlich (Illu.): Torkel. © Tulipan Verlag GmbH, München 2019. **29** (Buchcover) Andrea Mills: Alles über deinen Hund. Übersetzt von Eva Sixt. © der deutschsprachigen Ausgabe by Dorling Kindersley Verlag GmbH, München 2018. **36** Julia Friese (Illu. Mitte, r.). Aus: Ein Nilpferd steckt im Leuchtturm fest. Tiergedichte für Kinder. © Mixtvision Verlag, München 2019. **37** Ute Krause (Text / Illu.): Minus Drei wünscht sich ein Haustier. © 2014 cbj Verlag, München, in der Verlagsgruppe Random House GmbH. **39** Dita Zipfel (Text), Mateo Dineen (Illu.): Monsta. © Tulipan Verlag GmbH, München 2018. **40** (l.) Ingo Siegner, Der kleine Drache Kokosnuss in Australien, © cbj Verlag, München, in der Verlagsgruppe Random House GmbH. – (Mitte) Paul Maar: Da bin ich gespannt wie ein Gummiband. Die samsigsten Sprüche vom Sams. © 2012, Verlag Friedrich Oetinger, Hamburg. – (r.) Jörg Hilbert: Aus Jörg Hilbert / Felix Janosa: Ritter Rost – Goldausgabe © Annette Betz im Ueberreuter Verlag GmbH, Berlin 2019. **41** (o.): Jutta Langreuter (Text); Silvio Neuendorf (Illu.): Käpt'n Sharky. Coppenrath Verlag, Münster. – (Mitte, r.) Dita Zipfel (Text), Mateo Dineen (Illu.): Monsta. © Tulipan Verlag GmbH, München 2018. **41** (u. r.) A. B. Saddlewick (Text), Franziska Harvey (Illu.): Monster Mia und das große Fürchten. © KERLE in der Verlagsgruppe Herder, Freiburg 2013. **49** (Buchcover) Astrid Lindgren (Text), Lars Klinting (Illu.): Weihnachten im Stall. Übersetzt von Anna-Liese Kornitzky. © 2002, Verlag Friedrich Oetinger, Hamburg. **61** Abbildungen und Cover aus: Fünf Minuten. Von Audrey Vernick / Liz Scanlon / Olivier Tallec. Übersetzt von Ebi Naumann. Illustrations copyright © 2019 by Olivier Tallec, 2021 Gerstenberg Verlag, Hildesheim. **69** Kai Pannen (Text / Illu.): Ugulu und Mim. © Tulipan Verlag GmbH, München 2018. **71** Dagmar Geißler (Text / Illu.): Mein erstes Buch der Gefühle. Von Wut, Streit und Gummibärchen. © Loewe Verlag GmbH, Bindlach 2019. **81** Kerstin Brichzin (Text), Igor Kuprin (Illu.): Der Junge im Rock. © 2018, minedition AG, Zürich. **83, 91** Nikola Huppertz (Text) und Mareike Ammersken (Illu.): Der schönste Tag zum Nichtstun. © 2022 Annette Betz Verlag in der Ueberreuter Verlag GmbH, Wien / Berlin. **93** Martin Klein (Text), Kerstin Meyer (Illu.): Finn und Frieda finden den Frühling. © Tulipan Verlag GmbH, München 2018. **101** Aus Bernhard Lins (Text), Marlies Rieper-Bastian (Illu.): Kindertheater für das ganze Jahr: 13 kurze Rollenspiele. © Annette Betz im Ueberreuter Verlag GmbH, Berlin 2016. **109** (Buchcover) moses. Verlag GmbH, Kempen / Ilka Sokolowski: „Miteinander in der Natur – Wie Tiere und Pflanzen gemeinsam leben" 2021, www.moses-verlag.de. **121** Benjamin Wockenfuß (Text), Stefanie Messing (Illu.): Lotta und Klicks. © 2019, Verlag Friedrich Oetinger, Hamburg. **135, 139** Meyer / Lehmann / Schulze (Text), Susanne Göhlich (Illu.): Die wilden Zwerge – Im Schwimmbad. © 2010 Klett Kinderbuch, Leipzig. **141, 144 / 145** Illustrationen von Heike Wiechmann, Die total verrückte Schrumpf-Maschine © 2018, Fischer Kinder- und Jugendbuch Verlag GmbH, Frankfurt am Main.

Fotoquellen

26 mauritius images / Pitopia. **29** (o. l.) stock.adobe.com / www.techspeak.de / Sebastian Grell / sebgsh – (o. Mitte): mauritius images / Tierfotoagentur – (o. r.) stock.adobe.com / grafikplusfoto – (u. l.) stock.adobe.com / fotografien / digitale / essen.de / in / www.fotograf / digitale-fotografien – (u. Mitte) mauritius images / Tierfotoagentur – (u. r.) ClipDealer GmbH / OxfordSquare. **38** (l. o.) stock.adobe.com / Sandra – (r. o.) stock.adobe.com / demanescale – (Mitte, l.) stock.adobe.com / Przemyslaw Iciak – (Mitte, r.) Shutterstock.com / anetapics. **49** (o.) stock.adobe.com / Corri Seizinger – (Mitte, l.) stock.adobe.com / Lucky Dragon – (Mitte, r.) stock.adobe.com / Seventyfour. **58** (l. o.) „Erwählt von Kindheit an", Kirchenfenster in St. Nikolaus Jügesheim, Rodgau, Künstlerin: Christine Rachor-Beck; Foto: Sabine Rösner; © Lothar Mark, Rodgau. – (r. u.): Cornelsen / Marek Lange. **59** (o.) stock.adobe.com / Wolfilser – (Mitte) stock.adobe.com / LGM / Luciano Mortula / Luciano Mortula-LGM – (u.) stock.adobe.com / ungvar. **60** (Eichhörnchen) Shutterstock.com / Mr Twister – (Schlitten) mauritius images / Westend61 – (Kiste) stock.adobe.com / paketesama – (Mütze) stock.adobe.com / Nataliia Pyzhova – (Schal) stock.adobe.com / nata777_7 – (Handschuhe) stock.adobe.com / salamahin. – (Schneeflocken) stock.adobe.com / studio / by / bystudio. **89** (Mitte, r.) stock.adobe.com / Vermicule design. **98** (l. o.) mauritius images / alamy stock photo / Lucy Brown (loca4motion) – (Mitte, l.) stock.adobe.com / hivaka – (l. u.) mauritius images / alamy_stock photo / Auscape International Pty Ltd. **100** (o.) Cornelsen / Marek Lange. **106** JUXart Production / Katrin Koscielny. **109** (o.) stock.adobe.com / nataba – (Mitte, l.) stock.adobe.com / Jakub Pavlinec / kubais – (Mitte, r.) stock.adobe.com / 2018 Kevin Wells / Kevin. **111** stock.adobe.com / hjschneider. **113** Shutterstock.com / Dora Zett. **114** (o.) stock.adobe.com / Aggi Schmid – (Mitte) stock.adobe.com / Mario – (u.) stock.adobe.com / Manfred Richter. **117** stock.adobe.com / Jürgen Fälchle. **118** (Paul Cézanne: Wald, 1891) Foto: Bridgeman Images. **119** (l. o.) stock.adobe.com / S.H.exclusiv – (Mitte, l.) stock.adobe.com / Inga Nielsen. **123** stock.adobe.com / Scanrail. **130** mauritius images / alamy stock photo / Andrei Nekrassov. **134** (Mitte, l.) stock.adobe.com / Cobalt – (Mitte, r.) Shutterstock.com / PixieMe. **138** (o.) dpa Picture-Alliance / euroluftbild.de / ZB / dpa-Zentralbild / Martin Elsen – (Mitte, l.) stock.adobe.com / Koraysa – (u. r.) stock.adobe.com / Kalle Kolodziej. **140** stock.adobe.com / Edler von Rabenstein.

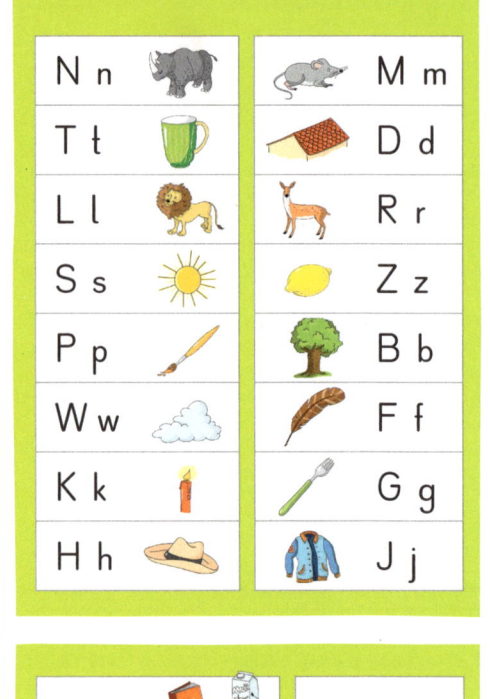